経済的自由をこの手に！

米国株で始める 100万円からの セミリタイア投資術

米国株ブロガー
たぱぞう

はじめに

米国株投資ブロガーのたぱぞうです。
本書を手に取っていただき、ありがとうございます。

セミリタイア。
その言葉から、あなたはどんなことをイメージしますか？
「ぜひ実現させたい！」「憧れる」でしょうか。
それとも、「夢のまた夢」「お金持ちが考えそうなこと」でしょうか。

仕事を引退して資産や年金で暮らす「リタイア」や、少し早めに引退する「アーリーリタイア」。それらは現役を退いて悠々自適な生活を楽しむものですが、「セミリタイア」は少し違います。**セミリタイアは、仕事を完全に辞めるのではなく、ある程度仕事をしながら、資産を運用してゆったり暮らす**、というものです。

現在は、60歳で定年を迎え、その後、雇用延長などで65歳まで働くのが当たり前になっています。最近では65歳以降も働こうという気運もあります。それは、人生100年時代と言われる現代、年金と資産の取り崩しでは食べていけない可能性がある、という背景があるからです。そのような状況下でアーリーリタイアするというのはかなり特別なことです。

しかし、「セミリタイア」であれば、かなりハードルが下がります。

必要なお金の一部は働いて稼ぎ、一部を資産運用で稼ぐ。そうすることで、必要な資産の額は1億円程度、あるいは数千万円程度でも可能となってくるのです。

また運用のスキルが高ければより運用で稼げる額も多くなるため元手となる資産は小さくて済みますし、セミリタイア後に豪勢にお金を使って遊ぶつもりがなければ、支出も抑えることができます。

セミリタイアは夢のまた夢、というほど非現実的なことではありませんし、莫大な資産がなくても、ほどほどのお金で暮らす習慣と、ある程度の運用スキルを身に付ければ、普通の人でも意外と実現できることなのです。

多くの資産を持っていればセミリタイアしやすいのはたしかですが、運用のスキル、お金の使い方、価値観などが、セミリタイアの実現性を大きく左右する要素であり、莫大な資産がなくても大丈夫です。

私は２０００年に投資を始めました。２０１０年以降、米国株中心の運用に切り替えてからは順調に資産が増え、米国株の魅力を職場の後輩たちに伝えることを目的に、２０１６年に**「たぱぞうの米国株投資」というブログを開設しました。**

２０１９年に勤務先を退職し、現在は資産を運用しながら暮らしています。「セミリタイア」した、というわけです。

私は資産家の子どもではありませんし、大学卒業後は、ごく普通の組織人として働いていました。人と少し違っていたのは、社会人になってすぐ、初めての給料で株式投資を始めたことです。詳細は前著で述べましたが、それはかなり積極的でハードな投資でした。以前はお金を使うことにあまり興味がなく、収入の多くを投資に回していた時期もありました。

当時からセミリタイアを目指していたわけではありません。思っていたのは、「**ある程度のお金があり、それを運用で増やしていくことができれば、仕事に縛られることな**

く、経済的自由を手に入れられる」、ということでした。

そして、40代前半でセミリタイアし、組織に属してフルタイムで働かなくてもいい経済的自由と、時間的自由を手にしたのです。

ここ数年、投資への関心が高まっています。

資産運用の主な目的は、老後資金の確保と、より豊かな生活を実現することだと思います。いずれも重要ですが、私自身はそれに加えて思っていることがあります。それは、「**投資とは人生の選択肢を増やすこと**」、というものです。

人生の選択肢には、仕事をセーブして家族と過ごす時間を増やす、しばらく仕事を休んで独立起業のために勉強する、あるいは、独立起業する、などが考えられます。投資によって経済的な余裕を得られれば、今とは違う生き方を選ぶことも可能となるのです。ある程度の資産ができれば「セミリタイア」も夢ではありません。

セミリタイアを視野に入れることで、投資は前向きで、楽しいものになるはずです。

最近は「米国株ブログ」の読者の方からセミリタイアについての相談が寄せられることが多く、関心が高くなっているように思います。人生について考える人、自分らしく生きたいと考える人が増えているのかもしれません。

本書では、セミリタイアについての考え方や、それを実現させる米国株投資、リスク分散のための知識、さらに資産額別の運用方法についてお話しします。

もくじ

構成●高橋晴美
デザイン●川島 進(川島進デザイン室)
DTP・図表制作●藤井康正(Fujii Graphics)
編集協力●伊藤 剛(Eddy Co.,LTD)

●本書の内容は、2021年5月28日時点の情報に基づいています。
●本書は著者個人の見解や分析であり、著者によって提供されたいかなる見解や意見も、読者に利益を約束するものではありません。
●本書で示した著者の見解や取り上げた金融商品によって読者に損害が生じても、著者および発行元はいかなる責任も負いません。投資の判断はご自身の責任でおこなってください。

第1章

人生の選択肢を増やし“セミリタイア”を目指す投資

日本人の所得は1994年がピーク

日本はかつてに比べて貧しくなった、給与が上がらない、という声を聞きます。所得が上がらないことは少子化の原因の一つであり、いっこうに生活が楽にならない大きな理由といってよいでしょう。

15ページのグラフは、世帯構成別の平均所得金額の推移を表したものです。所得とは年収から所得税や住民税、健康保険や年金などの社会保険料を引いた手取りのことです。全世帯平均を見ると、１９８０年代半ばから１９９０年代半ばにかけて、平均所得は増え続けています。これは非常に健全と言えます。

ところが94年の６６４万円をピークに減少に転じ、２０１８年には５５２万円と、ピーク時から**１１２万円も減少**しています。

世帯構成別に見ると高齢者世帯の所得はほぼ横ばいですから、高齢者以外の世帯（現役世帯）の所得が減ったことが全体平均を押し下げています。児童のいる世帯を見れば一目瞭然で、96年に平均７８１万円だったのが、18年には７４５万円まで下落。現役世

1世帯あたり平均所得金額（世帯構成別）の推移

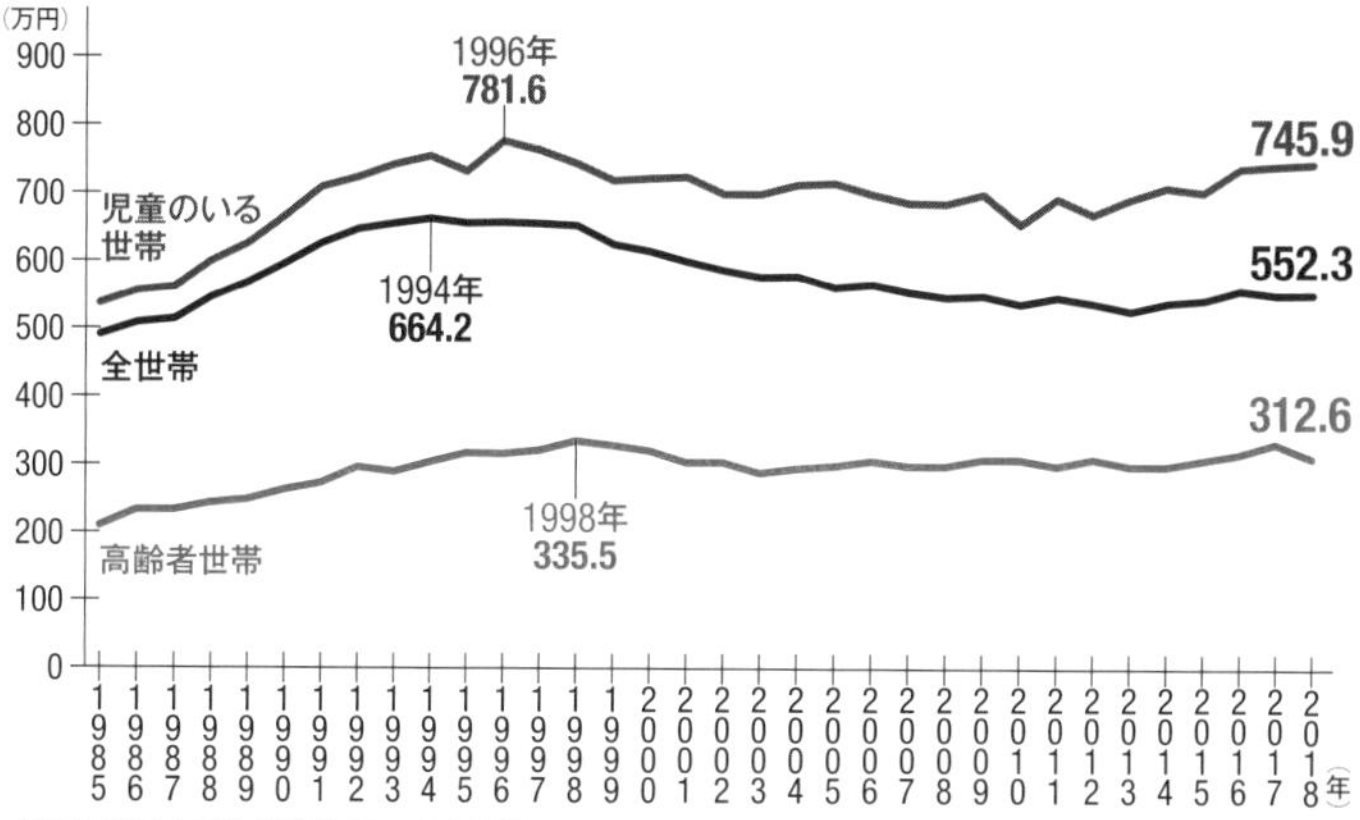

（出所）2019年厚生労働省 国民生活基礎調査

代の所得は年々上昇するどころか、ピークだった96年から**22年で約36万円も下がっている**のです。これは、デフレで給与が上がらないことに加え、少子高齢化で税や社会保険料の負担が増えていることが原因です。

児童がいる世帯と言えば共働き世帯も含まれますから、その層の所得が上がっていないというのは注目すべきことです。住宅を購入したり、教育費が年々増えていったりするのに手取りが増えないのですから、生活が楽にならないのは当たり前です。とくに子どもがいて妻が専業主婦、という家庭は経済的に厳しいはずです。

所得の中央値はさらに下落が大きい

平均年収や平均所得については、一部の富裕層が平均を押し上げて、現実的ではない数字が出ることがあります。そこで参考になるのが、中央値です。中央値はデータを大きい順に並べた時に中央にくる値で、**ちょうど中間にいる層の所得がわかります**。17ページのグラフにもあるように、平均所得金額が５５２万円なのに対し、中央値は４２３万円で、１００万円以上の差があります。多くの人の実感に近いのは平均よりも中央値ですが、中央値はここ数年で平均よりもさらに下がっています。

日本ではデフレが長く続いていますが、米国ではインフレに転じています。所得が伸びない、減っている、ということは、**相対的に貧しくなっている**ことを意味します。国内で暮らしていると気付きにくいかもしれませんが、じり貧とも言える状態なのです。

私は、所得が伸びないのは一過性のことではなく、今後もこの傾向は変わらないと思っています。もしも所得が伸びるとすれば、それはインフレになった時でしょう。

所得金額階級別世帯数の相対度分布

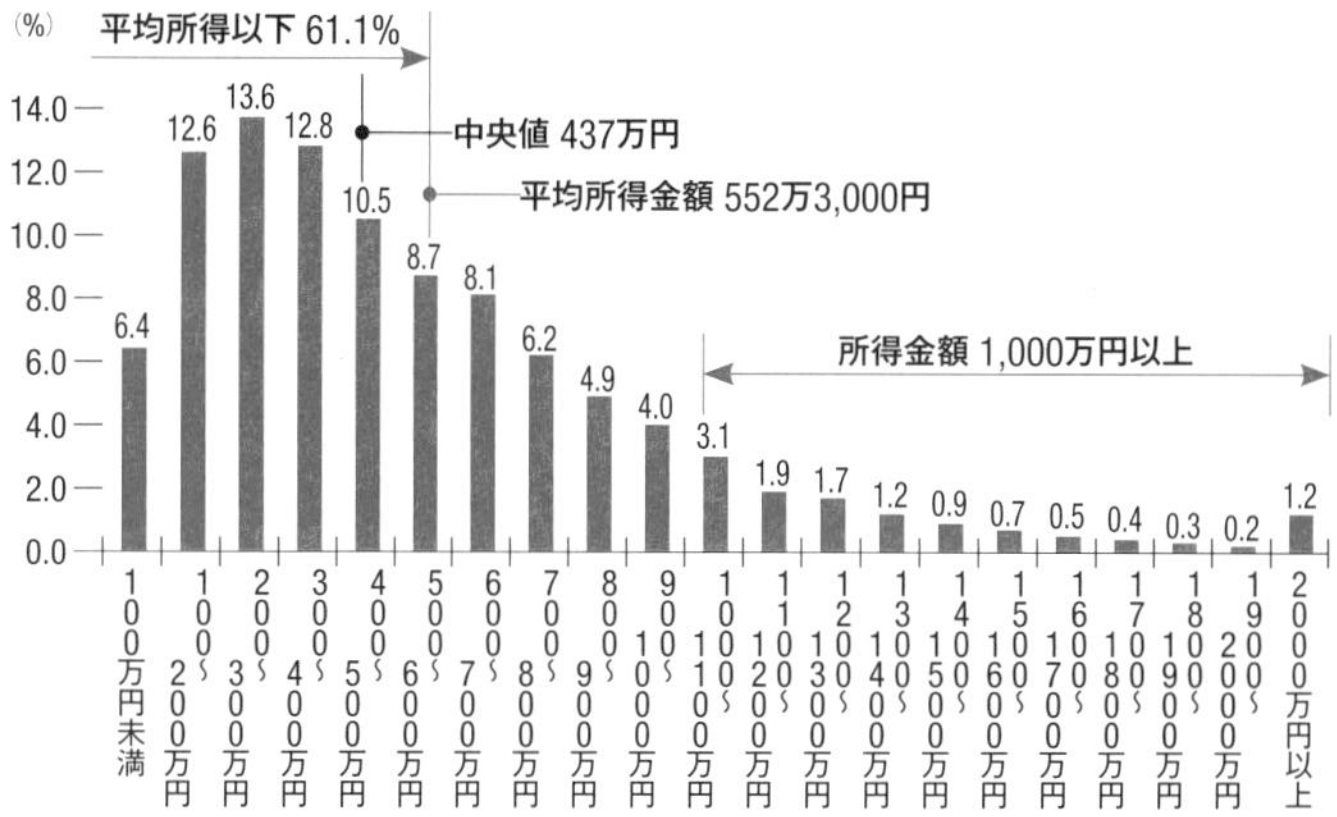

(出所)2019年厚生労働省 国民生活基礎調査

インフレになって所得が増えても、インフレ率を所得の伸びが上回らなければ、実質の所得が伸びたことにはなりません。

一方で、株価、とくに米国の株価は一時的に下がることはあっても右肩上がりで上昇しています。

成長が期待できるものに投資をし、効率的に資産を増やす。そうすることで所得の減少や伸び悩みをカバーしていく必要があり、投資のスキルを身に付けることは、社会を生き抜くための生活防衛術だと考えています。

現金、預金では実質価値が下がっていく

金融資産は、表面的な金額を積み上げれば

いいわけではありません。なぜなら、通貨の価値は長期にわたって減価してしまうからです。日本では実感しにくく、つい忘れがちですが、しっかり認識する必要があります。

1980年からの名目GDP、雇用者報酬、マネタリーベースを見ると、過去30年において、雇用者報酬や名目GDPはほぼ横ばいで推移しています。対してマネタリーベースは2010年代から急増しています。

マネタリーベースとは、日本銀行が供給する通貨の量のことで、市中に出回っているお金（日本銀行券発行高と、貨幣流通高）と、日銀当座預金の合計値です。

GDPは経済規模を表しますから、GDPが上がらなければ雇用者報酬が上がらないのは当然です。一方でマネーの量が増えているということは、通貨の価値が希釈化している、ということになります。

米ドルの価値についても、1974年の1ドルは、2000年には0・27ドルまで減価しているというデータもあります（ハワード・マークス氏の資料）。26年で約30％の減価です。さらに2017年までの過去100年では96％にまで減価した、というデータもあります。

円についても同様で、**1965年の10万円は、なんと5万円まで減価**しています。

通貨をそのまま持っている（あるいは預金している）と価値は減るばかりであり、株式など、経済成長に伴って価値を高めていくアセット（資産）に投資するのが合理的です。

投資は人生の選択肢を増やすためのもの

所得が伸びない、通貨を持っているだけでは価値が減少する。そうした点からも、投資をする必要性が高いことは明らかです。

実際、ここ数年で、投資に興味を持つ人は増えているように思いますが、ひとつ、私が気になっているのは、投資の目的です。

老後資金２０００万円不足問題が話題になって以来、老後資金作りのために投資をする人は増えていると思います。

たしかに老後資金を準備する必要性は高いですし、そのために、貯蓄だけではなく、投資で効率的に準備することはとても重要です。そのうえで、さらに前向きな目標を持ってみるのも一案です。老後のみならず、人生を楽しむための資産形成、という意識を加えるのです。ある程度の資産があれば、人生の選択肢が増えます。より楽しく、経済的

過去40年のGDP、雇用者報酬、マネタリーベース

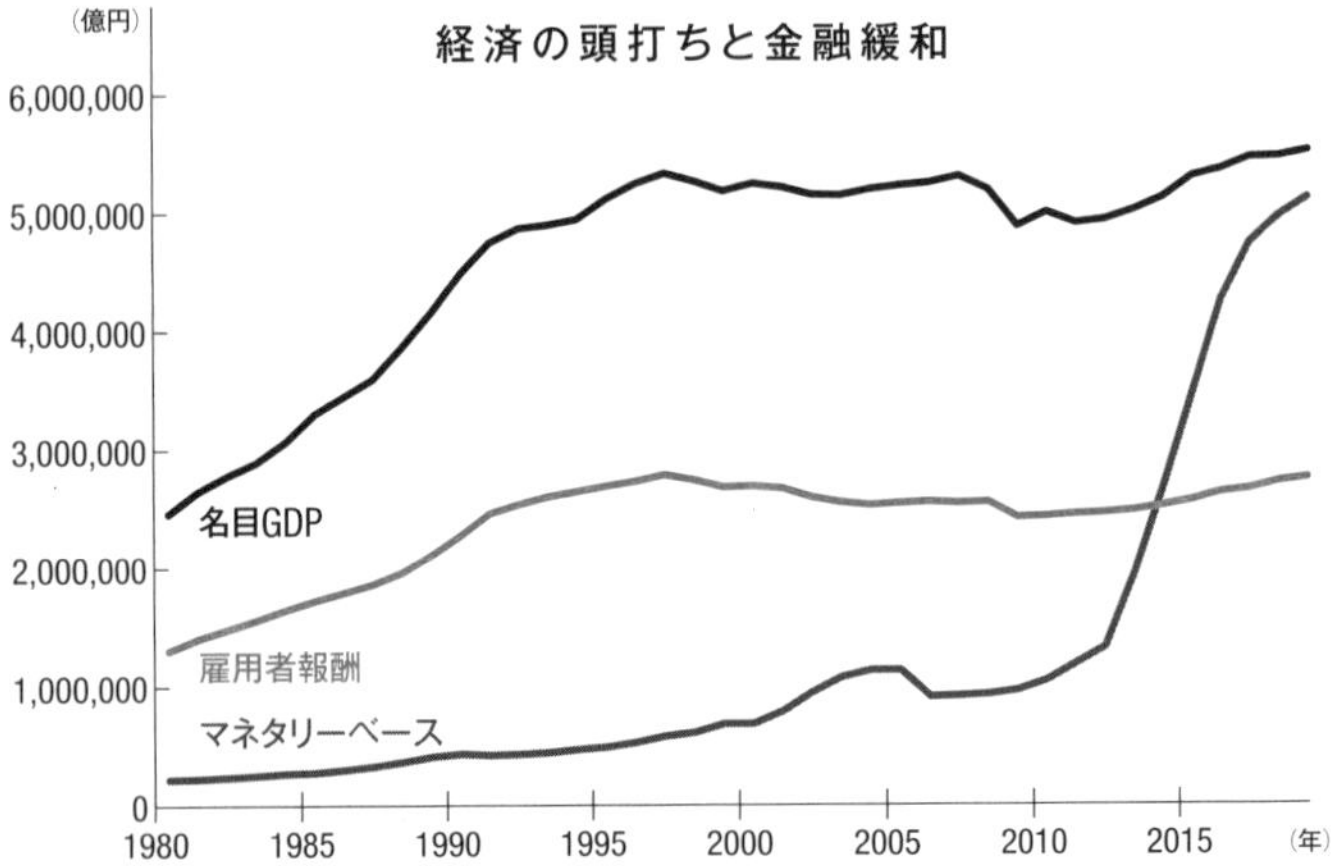

(出所)日本銀行

インフレによる1ドルの減価

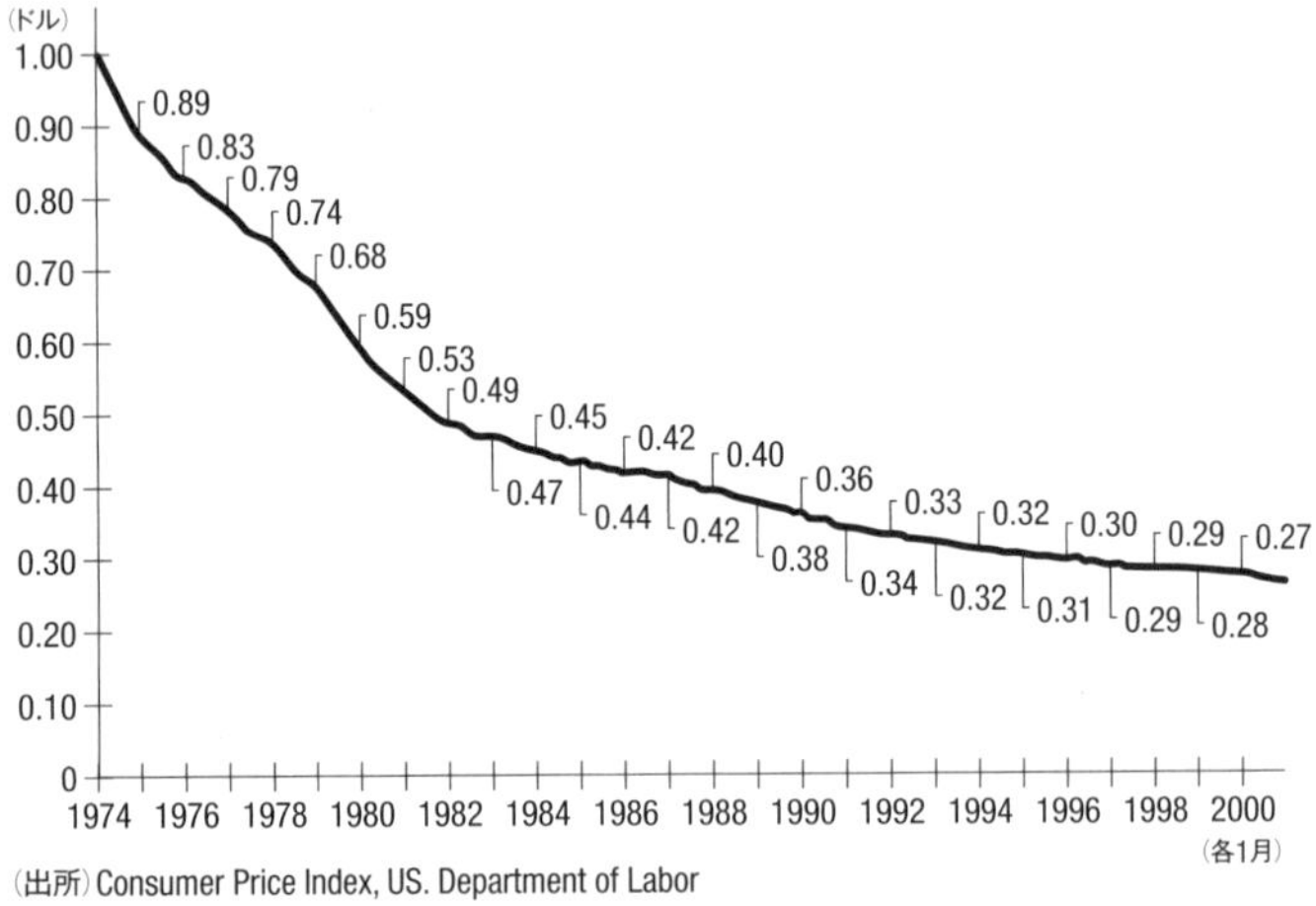

(出所)Consumer Price Index, US. Department of Labor

自由を手にして生きるために投資で資産形成する、という考え方です。

経済的自由を手にして生きる選択肢の一つが、「セミリタイア」です。

投資をすることで資産を増やし、やがてはその資産から得られる運用益を生活費の一部にできる。すると、仕事を減らすことも可能になる。そんな経済的自由、時間的自由のために資産形成する、と考えれば、投資はもっと楽しく、前向きなものになると思います。

会社員は安泰で、セミリタイアは危険？

セミリタイアと聞くと、特別なことのように思いますが、それは、会社員は安泰、という意識があるかもしれません。しかし、本当に会社員は安泰なのでしょうか。

そんなことはありません！

不動産評論家・実業家の牧野知弘さんは、「ムラ社会に生きる日本の『サラリーマン』〝気楽な稼業〟がもはや成り立たないワケ」というコラムを書かれています。牧野さんは、ポスト・コロナ時代は、テレワークによって個人事業主化した個人と会社が業務委託契約のような関係で繋がるようになれば中間管理職の多くが存在意義を失い、気楽なサラリーマンという職業は世の中からなくなっていくのではないか、と指摘しています。能力のないサラリーマンのままでは会社の中で排除されていく運命にあり、日本の法律上、簡単にクビにはならないが、手厚く遇してはくれないだろう、10年以内にサラリーマンという単語は死語となっているだろう、と言及されています。

サラリーマンの安泰が今後も続くわけでないのはすでに明らかです。仕事のスキルを上げるのは当然のことですが、仕事以外の別の柱を持っておいた方がいいのではないでしょうか。

前述のとおり、私はセミリタイアについて、**「仕事」と「運用」という二本柱で生きていくこと**、と考えています。勤務先に人生を委ねるのではなく、自身で仕事をする、投資で資産を増やす。この二本柱で人生を担保していくということが、これからは一般的になってくると思います。

もちろん、会社員として働くことが合う人、企業人として大きな仕事をしている人はたくさんいますし、それを否定する気は一切ありません。ただ、会社員として働き続けるとしても、資産、そして運用スキル、というエンジンを持っていれば、精神的な自由を持ちながら、より自分らしく、安心して生きられるのではないでしょうか。その意味においても、投資は人生の選択肢を増やすものなのです。

セミリタイアができる人とは、常識を疑う人

では、どんな人ならセミリタイアが可能でしょうか。

私の知人やブログの読者の方の話なども含めて、セミリタイアを実現しやすい人の素養を考えてみましょう。

私が強く感じるのは、常識を疑える人はセミリタイアしやすい、ということです。

親の世代（60代以上）と私たち世代（50代以下）では、価値観も、お金を増やすためのセオリーも大きく異なります。親の世代は、株などに手を出さずに郵便貯金をしていればいいという価値観でしたが、今は預金だけで十分とは言い難い状況です。

高度経済成長下においては妥当とされていたことが、今も変わらず正しいのか、疑ってみる必要があります。年長者や先輩たちの教えは貴重なものですが、それを消化して、自分なりに価値判断をしていかなければなりません。そこから見えてくるものがあるはずです。

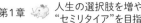

会社員なら安泰、という常識も、その一つです。

定年まで会社勤めをするのが当たり前のように思いがちですし、最近では、雇用延長や再雇用で65歳まで働くのは普通、70歳、75歳まで働こうという考え方もあります。70代半ばになる私の父も、週に2〜3日程度、楽しそうに働いています。最近は会社員がダブルワークをする例もあり、仕事が好きな方、また将来、開業するために勉強のつもりで副業を始めるのもいいと思います。

好きな仕事であれば働くことはハッピーであり、定年まで勤め上げる、生涯現役で働くことに喜びを感じることもありますが、もしも、働くのが辛い、自由になりたいと思うのであれば、ほかにも生き方はある、という発想があっても良いと思います。

「もし、この仕事を失ったら……」と思って生きるより、「この仕事を失っても運用という柱がある」と思えた方が、ずっと自由に、豊かに生きられます。

60代、70代まで働くという、あなたが無意識のうちに常識と思っていることは最善なのか。問題が起きない間は、それが正しい、それを続けていけばいい、という謎の力が働きますが、本当にそうなのかを問うてみましょう。

定年まで働いた場合の生涯年収はだいたい読めます。定年まで働くことは、ある意味、既得権益として定年まで働くことを選んでいる、とも言えます。しかし、その既得権益は、本当に「権益」と言えるのか。あなたにとってベストなのか、ぜひ考えてほしいところです。

投資は常識に縛られず、自身で考えること

常識を疑う、自身で考える、という姿勢は、投資においてもとても重要です。

米国株投資がいい、という情報を得て、研究して、実際に米国株投資を始める、というのは素晴らしいことです。しかし、ほかに有力な投資対象がある場合に投資先を切り替えたり、あるいは、自身で新たな投資対象を探したりする視点も持ちたいところです。

新しいことや、多くの人がしていないことへの挑戦には臆病になりがちですし、自分で考えるという意識が強い人は多くないかもしれません。みんながやっているとやりたがる、みんながやらないとやらないという、同調バイアスが強いのです。

しかし、日本では30年間ＧＤＰが伸びず、所得も増えていないのですから、今まで通りのやり方が正しいとは到底思えません。ましてや、変化が激しい時代です。常識を疑う、日常を疑う、何かを変えるという意識を持つことが、強く求められるのではないでしょうか。

いくらあればセミリタイアできるのか

セミリタイアができるのはどんな人か。肝心のお金の面から見ていきましょう。

強調したいのは、莫大な資産がなくても、高収入の人でなくても、セミリタイアは不可能ではない、ということです。

セミリタイアができるのは、１億円の資産を持っている人でも、年収が１０００万円以上の人でもありません。セミリタイアできるのは、「**資産額**」「**セミリタイアしてからの定期的な収入**」「**セミリタイア後の支出**」という３つのバランスが取れる人です。

例えば１億円の資産があり、それを３％で運用すれば、年間約２４０万円（税引き後、以下同）を得ることができます。ほかに個人事業などで年間２６０万円を得れば、年収は500万円で、ここから税や社会保険料を引いた額で暮らすことができれば、「セミリタイアはできる」ということになります。生活水準をかなり高いものに設定しなければ、1億円の金融資産があればセミリタイアはかなり現実的と言えるのです。

1億円なければだめ、というわけではありません。

金融資産が5000万円、運用利回り3％では、運用益は年間150万円、税引き後約120万円です。年間の生活費として500万円必要なら、別途、400万円弱の収入が必要であり、それだと普通に働かなければならないでしょう。しかし年間支出が400万円であれば、働いて300万円弱の収入を得ればセミリタイアは可能、ということになります。

300万円の収入というのは、月額では25万円で、ご夫婦なら各自が13万円程度の収入を得ればいい計算です。それくらいならあまり無理せずに稼げる人も多いと考えられ、かなりリアリティがあると思いませんか。

では金融資産2000万円ではどうでしょうか。

運用利回りが3％では運用益が60万円・手取りで約48万円です。月額にすると4万円強であり、月20万円で暮らせるなら、**月16万円稼げばセミリタイアは可能**です。仮に運用利回りを５％と想定すると、運用益は１００万円・手取りで約80万円（月額約６・６万円）に増え、月約13万円稼げばいい、という計算になります。

これらは一定の資産を運用した場合の運用益を想定したものであり、投資元本を取り崩していく想定であれば、さらにハードルは低くなります。

莫大な資産がなくても、的確な運用をし、それなりに働く、あるいは支出を抑えられれば、セミリタイアは全く夢ではないのです。

莫大な資産があっても運用スキルは必要

言い方を換えれば、莫大な資産があればセミリタイアできる、という論理は成り立ちません。１億円あっても、運用のスキルがなく、せいぜい個人向け国債を買う程度、というなら、年間のインカムは５万円（税引き前、０・05％の場合）。おまけに贅沢して年間１０００万円使ってしまうような人なら、１０００万円近くの年収を得なければならず、セミリタイアは難しいでしょう。

一方で、**家賃3万円の家に住み、年間支出のトータルが200万円なら、2000万円を5％で運用して100万円のインカム**（**税引き後80万円**）**を得れば、あとは120万円を稼げばセミリタイアが可能です。**月額10万円ですから、アルバイトでもやっていけるでしょう。

どちらが豊かで、どちらが自由で、どちらが幸せかは、価値観次第ですが、資産が多ければセミリタイアできる、資産がなければセミリタイアできない、というわけではないのです。20代半ばで年収400万円、という人でも、場合によっては年収300万円という人でも、セミリタイアという未来を拓くことはできるのです。

たしかに多くの運用益を見込むにはそれなりの資産が必要です。しかし、莫大な資産がなくても、**効果的に運用して、支出をコントロール**することで、セミリタイアは可能になります。

「資産額」「セミリタイアしてからの定期的な収入」「セミリタイア後の支出」の3つの要素を考えて、セミリタイアへの道をイメージしてみてください。

まずは支出を計算してみよう

セミリタイアへのプランを立てるには「毎月これくらいは稼げるし、セミリタイアするまでに資産はこのくらいできるから、支出をいくらに抑えればいいか」と考える方法もあるし、逆に「資産はいくらあり、支出はこの程度なので、毎月いくら稼げばセミリタイアできるか」という考え方もあります。まずは、支出について考えてみましょう。

年間どれだけの支出があるかは、預金通帳で履歴を見るのもいいですし、あるいはＣＳＶのデータを確認することもできます。各年の、年始の残高と年末の残高との差額を調べるだけでも、年間支出を知ることができます。

一つ注意したいのは、持ち家の場合は固定資産税、クルマがあれば自動車保険などの年単位でかかるお金、車検費用など、数年おきにかかるお金があることです。これらの支出も考慮して、年間でどのくらいのお金が必要かを考えます。

家電製品やクルマの買い替え費用、自宅の修繕費なども見込んでいけば、より現実的な支出を想定することができます。

教育費についても注意が必要です。

小学校高学年に入ると、塾に通う、部活動をするなどで教育費が増えていくのが一般的ですので、データなども参考にして、考慮しましょう。

会社員の場合、税金や社会保険料は給与から天引きされていますが、セミリタイアして会社員でなくなれば、収入の中から支払うことになります。金額は収入によって、また個人事業主なのか、法人化するのかによっても変わってきますが、税や社会保険料がかかることは念頭に置いてください。ちなみに、会社員は厚生年金ですが、個人事業主では国民年金に変わり、1年分前納の場合の保険料は20万円弱です（2021年度）。

シンプルライフがセミリタイアへの鍵

あまり無駄にお金を使ったりせずにシンプルに暮らしたり、生活がミニマムな状態であったりすると、それだけセミリタイアのハードルも下がります。

お金を使わない生活はツマラナイと感じる人もいますが、要は、自分のプライオリティ

セミリタイア後の支出、インカム、稼ぐの計算式

資産額（運用によるインカム） ＋ 働いて得る収入 ≧ セミリタイア後の年間支出

- 資産額：適切な運用でインカムを得る
- 働いて得る収入：65歳以降は公的年金など
- セミリタイア後の年間支出：まずここを明らかにする

例／**資産1億円・セミリタイア後の年間支出が500万円**

〈インカム〉		〈働いて得る収入〉
3%で運用	240万円	年260万円（月21.7万円）
4%で運用	320万円	年180万円（月15万円）
5%で運用	400万円	年100万円（月8.3万円）

例／**資産5000万円・セミリタイア後の年間支出が400万円**

〈インカム〉		〈働いて得る収入〉
3%で運用	120万円	年280万円（月23.3万円）
4%で運用	160万円	年240万円（月20万円）
5%で運用	200万円	年200万円（月16.7万円）

計算してみよう！

（資産額［　　　万円］ × 運用利回り［　　　%］ × 税20%控除 0.8）＋

働いて得る収入［　　　万円］ ≧ セミリタイア後の年間支出［　　　万円］

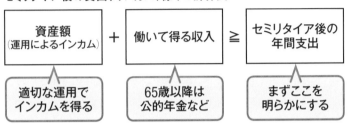

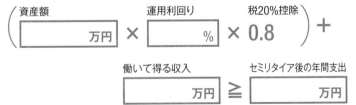

をどこに置くか、です。

贅沢な食事やレジャーにお金を使うことではなく、自分の時間や、家族が大切だと考えるならば、お金への執着は弱くなります。

時間や家族にプライオリティを置くのであれば、まずは**ミニマムな生活で資産形成に注力**し、贅沢を楽しむのはそれから、というプランがよさそうです。

節約と投資はセミリタイアを実現するための両輪であり、人生を変える大切な知恵なのです。

運用益は、約20%の税金も考慮する

運用益は、運用利回りによって異なります。

１９９０~２０１９年のＳ&Ｐ５００の年平均リターンは11・４%、債券が３・５%となっています。複数の大手金融機関などでは、米国株の今後の年平均リターンは４~５%と予想しています。**４・８%程度を一応の目安**にするといいでしょう。

また株式や投資信託などへの投資では、配当金や売却益などに対し、約20%の税金が

かかりますから、それも考慮する必要があります。

例えば年間支出が３００万円で、セミリタイア後は、仕事で月10万円（年１２０万円）の収入を得るとします。この場合、運用で年間１８０万円得れば、セミリタイアできる、ということになります。

株式や投資信託に投資して税引き後１８０万円を得るには、税引き前２２５万円の配当が必要です。**運用利回りが３％とすると、７５００万円必要**になる計算です。７５００×３％で税引き前のインカムは２２５万円。ここから約20％が源泉徴収されるので、税引き後は１８０万円です。

７５００万円×３％×80％＝税引き後のインカム１８０万円

７５００万円貯めるのは簡単ではありません。その意味でも、運用だけでなく、一部、勤労収入を見込むセミリタイアという発想が大事なのであり、「少し働く」ということで、だいぶ、ハードルは下がると思います。

独身者はセミリタイアに有利

「資産」「収入」「支出」で決まる、ということを踏まえると、資産を築きやすく、収入が得やすく、支出が抑えられるほど、セミリタイアは近いということになります。どのような人がそれにあたるでしょうか。

身も蓋もない話ですが、**独身の方はセミリタイアしやすい**と言えます。

ある30代独身の人は、資産1000万円でセミリタイアを実現しました。大手企業が撤退して多くの空き家が発生し、家賃が1万～2万円になっている地域があります。そこに住んで、1000万円の資産を運用し、日雇いで仕事をしながらセミリタイアしています。

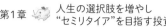

そうした選択ができるのは、独身だからこそで、配偶者や子どもがいたら簡単にできることではありません。

これはあくまで一例ですが、独身なら生き方も、生活水準（支出の額）も完全に自分のコントロール下に置けるので、セミリタイアしやすいのはたしかです。収入は相手（雇用主）がある話なのでコントロールしにくいですが、独身なら支出は自分でコントロールでき、セミリタイア実現においてかなりの強みになります。

既婚者も共働きならセミリタイアできる

もちろん、既婚者でもセミリタイアは可能ですし、共働きなら、より実現しやすいと言えます。

既婚者がセミリタイアを考えるにあたっては、責任もシェアする、お互いが合意して生き方を決める、というのが当然のこととなります。

どちらか一方がセミリタイアを強く望み、資産を築くために支出を抑える、運用のスキルを上げるために投資をする、などしようにも、**配偶者がセミリタイアに消極的であれば支出を抑えるのは難しい**ですし、互いにストレスを溜めることになりかねません。対して両者の合意があれば支出を抑えて貯蓄や投資に回すお金を多くできますし、投資にも理解が得られ、セミリタイアに近づける、というわけです。

**元本1000万円を利回り1%、3%、5%、7%、10%で
10年まで運用した場合のシミュレーション**（税引き前）

利回り	1年後	3年後	5年後	7年後	10年後
1%	10,100,000円	10,303,010円	10,510,101円	10,721,354円	11,046,221円
3%	10,300,000円	10,927,270円	11,592,741円	12,298,739円	13,439,164円
5%	10,500,000円	11,576,250円	12,762,816円	14,071,004円	16,288,946円
7%	10,700,000円	12,250,430円	14,025,517円	16,057,815円	19,671,514円
10%	11,000,000円	13,310,000円	16,105,100円	19,487,171円	25,937,425円

今は、男性が女性を養っていくという時代ではありません。現実的に考えて、共働きすることで生活の基盤は強固になります。昔のように男性の所得もそうそう上がりませんから、男女平等の価値観に基づいて男性もしっかり家事をし、女性もしっかり働くのが基本なのです。

所得が上がらず、夫、妻それぞれの年収が５００万円だとしても、２人合わせれば１０００万円、４００万円ずつでも世帯年収は８００万円になります。なおかつ所得税は所得が多いほど税率が高くなる累進課税ですから、**どちらかが年収８００万円を得るよりも、各自が４００万円ずつ稼いだ方が、税負担は軽く済みます。**

男性は一家の大黒柱として稼いで、女性が

家庭を守るという時代は完全に過去のもので、収入面も、支出面でも平等というのが、現在の価値観なのだと思います。

かなりの高収入であれば別ですが、平均的な会社員であれば、共働きをして、セミリタイアするための資産を築く、ということが重要なのです。

子どもがいても、もちろんセミリタイアは可能です。私も2人の子どもがいます。教育費がかかるので、それを含めて、夫婦でコンセンサスを得ればいいことです。

収入はコントロールしにくいので、支出をコントロールすること。独身以外は、セミリタイアすることについて家族のコンセンサスが取れること。それを満たせば、収入や資産が少なくても、それに見合った支出に抑えることでセミリタイアは可能です。

若い人には時間という武器もある

30代40代の普通のサラリーマンでも、親の資産を相続し、5000万円持っている、6000万円持っているという人は結構います。

80代の親が亡くなり、60代の子世代が5000万円相続するよりは、30代、40代という早い時期に、1000万円でも、2000万円でも贈与してもらった方がいい。早く受け取ることができれば、そこから運用で増やすことができるからです。そういった目線も重要です。

ブログ読者である22歳の女性から、「老後が不安なので300万円貯めた。それをどうしたらいいか」という質問を受けたことがあります。22歳で40年運用すると、年率5％なら3900万円になります。13倍です。300万円を40年運用するだけで、老後資金は軽く準備できてしまうのです。

時間の利益を正しく認識して若いうちから投資していくのは大事であり、若い人ほど、時間というインセンティブが働きます。

その意味でも、相続を待つより、**贈与で早めに受け取る方が有利**になることがあります。

〝適切な投資〟〝適切な貯蓄〟をすること

運用益を生み出す源となる資産をどう増やせばいいか。もう少し整理しておきましょう。私はこれまで多くの家庭の資産運用を見てきましたが、その中で、資産形成が成功する家庭、そうでない家庭に共通する要素が多くあることに気が付きました。

まず重要なのは、投資や貯蓄に回す額を決めているかどうか、です。

家庭の資産が適切に形成されているかどうかを判断する指標として、「**年収×年齢÷10**」という計算式があります。この指標から大きく金融資産が下回っている場合は、家計改善の余地がありそうです。今ある収入を日々の消費に使うだけでなく、将来のための投資や貯蓄にも振り分けることが肝要です。

適切な投資、適切な貯蓄をしているかも重要です。

適切な投資というのは、ずばり海外投資のことを指します。米国株インデックス、あるいは全世界インデックスなど海外対象の投資をしているかどうかということです。前述のとおり、預金で満足できる時代ではありませんから、投資商品を購入し、資産を効率よく増やすことが重要です。詳しくは第3章で述べますが、国内ではなく海外に目を向けた投資をすることで効率を高めることができます。

資産性の低い自宅が資産形成を邪魔する

年齢や収入のわりに資産形成スピードが遅い家庭に多く共通することが、保険の多重契約です。本来、投資に振り向ける金額を保険に振り向けているケースが後を絶ちません。年平均利回りで2%に満たないような商品で埋め尽くしている場合が多く、資産形成スピードを大きく落としています。銀行貯蓄に比べると良い、という心理が働くようですが、必ずしも良いわけではありません。支払った保険料の総額に対して、受け取る金額の割合を「返戻率」と言い、返戻率が100%を超えると支払った保険料より多い額が戻りますが、**契約直後の返戻率は極めて低く**、100%を下回る期間が長く続きます。ある意味では圧倒的に消費者不利な商品特性と言えますから、気を付けなくてはいけません。

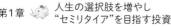

資産性の低い自宅を購入し、身動きが取れなくなっているケースも散見されます。

この20年で都心近郊の土地、あるいは大都市中心部の土地価格は上昇、悪くとも横ばいです。上昇の場合は、**住んでいるといつの間にか資産形成の一助**となっているケースがあります。しかし、エリアによっては土地値が下がっているところもあります。

建物は耐用年数を経過するとほとんど無価値となります。土地値が下がる地方の広い土地に大きな注文住宅を建てているようなケースでは、住宅ローンで払い込んだ金額がそのまま雲散霧消していくことになりかねません。

さまざまな舞台装置に惑わされず、身の丈に合った物件を購入することが大事です。

パートナーの勤労意欲と金銭感覚も大切

もう一つ重要なのが、パートナーの勤労意欲です。

パートナーの勤労意欲が著しく低いと、資産形成には大きなマイナスです。職場でちょっと嫌なことがあるとすぐに転職してしまうといった場合、転職のたびに年収を下げていく例が多く、中には40代、50代で退職してしまうようなケースもあります。

一方の頑張りで補える場合もありますが、我慢しすぎるとメンタルが壊され、より深刻な事態になることもあるので、バランスが難しいところです。

例えば１５００万円前後の収入があると余裕がありそうな感じがしますが、教育に莫大なお金をかけてしまいがちだったり、収入が多いゆえに浪費してしまったりすると、そんなに楽ではありません。セミリタイアを考えるなら、共働きをする、生活水準を適正なものにするなど、価値観が共有できることが条件になってくると思います。

さらに、クルマの改造やコレクター趣味、旅行好き、美食好き、ブランド好き、酒・たばこ好きなど、お金のかかる行動様式を併せ持っていると、資産形成どころではなくなります。

保険や自宅と同様、**結婚というパートナー契約は、結んだ瞬間に自身の運命が決まります**。独身の方は、家族のためにしっかり働ける人かどうか、お金についての価値観が合う人かどうか、といった視点を大事にしている人もいます。もちろん、共働きをしたり、目標を共有したりするには、お互いの協力も必要です。既婚者の方は、お互いの理解を深められるよう、心掛けたいものです。

セミリタイア後の稼ぐ力をつけておく

最近は残業が減ったり、在宅勤務で通勤の時間が浮いたりしたことで、副業をする人も増えています。YouTuberになった人もいます。コロナ以降ではUber Eatsの配達員も人気になりました。

時間が空いたから、少しお小遣いが稼げれば、といった動機だとしても、それが、セミリタイアした時の収入を得る手段になりえますし、セミリタイア後の仕事を考えるヒントになったりする、という感覚を持つといいでしょう。法人化のスキームを使うといった方法もあります。

投資についても、２０１０年以降では、不動産投資が注目されたり、太陽光発電に投資したりする人もいました。仮想通貨で億り人になった人もいますし、民泊もブームになりました。

副業で１００万円、２００万円を稼いでも人生を変えるのは厳しいかもしれません。

しかし何か売り上げを作るという目線を持つこと、そうした思考をすることで、セミリタイアへの道は拓かれてくると思います。

また65歳以降は公的年金を受け取ることができるので、65歳以上の分については、運用益に加えて年金が生活費になります。iDeCo（個人型確定拠出年金）などで将来受け取れる年金を増やしておくのも効果的です。

会社を辞める恐怖心は理解できる

ブログの読者の方や、知人などからセミリタイアについて多くの相談を受けますが、**ほとんどの人は、会社を辞めることについて逡巡されます。**ハードルになるのは収入です。セミリタイアは、完全にリタイアするのではなく、投資や仕事で収入を得ながら暮らすことです。しかし、会社を辞める＝収入がゼロになる、と考えてしまいがちであり、安定した収入（今後も安定を見込んでいる収入）がなくなってしまうことには恐怖がつきまとうものです。

私の友人で、会社を辞めてセミリタイアし、一時期住んでいたことがある開発途上国で空手を教えたい、という夢を持つ30代の男性会社員がいます。

彼には父親から相続した約２０００万円の資産があります。


彼は現地語が堪能なので、現地で外国人観光客相手に通訳の仕事をする、空手の体験ツアーを主催するといった起業を検討しています。

現地に住んでいた経験をベースにすると、月10万円、年間１２０万円くらいで生活できると言います。もし月に６万円稼ぐことができれば、不足するのは月４万円（年間約50万円）です。今保有している２０００万円を適切に運用する、また毎月の収入から積立投資をするなどして資産を増やしていけば、近い将来、自分の夢を叶えて暮らすことは可能だと、彼は考えています。おすすめはしませんが、一つの考え方でしょう。

どんな仕事ができるかを考えたり、資産を着実に増やしたりすることが、セミリタイアのために現在お勤めの会社などを辞める恐怖心を和らげることに繋がっていくと思います。

副業で資産形成のスピードアップ

資産を形成するこの時期に考えてみたいのが、副業です。収入が増えれば資産形成のスピードも加速します。

また**セミリタイアは、資産運用で得られる収益と働いて得る収入で暮らすこと**ですから、セミリタイア後の仕事も意識しつつ、副業の道を探るのもいいでしょう。

数年前にはブログやアフィリエイトなどでもある程度の額を稼ぐことができましたが、現在はややハードルが上がっていると思います。とはいえ、副業を認める会社が増えているなどの追い風もあります。

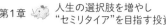

セミリタイアを見据えた投資生活を

セミリタイアできるのはまだ先だと思うかもしれません。むしろ、そう思う人の方が多いかもしれませんが、そうした未来を想像しながら投資をする、生活することは、大変ポジティブでいいと思います。未来を描かない、投資にも消極的、という人とでは、間違いなく将来、大きな差がつきます。

家計や夫婦それぞれの働き方を点検して資産形成のスピードを速める。運用のスキルを上げる。会社に依存せずに収入を得るための準備を始める。そうすれば、資産形成ができますし、セミリタイアもリアリティを伴って視界に入ってくるのです。

第2章

私の
セミリタイアへの道

クルマや外食より投資を選んだ

私は40代前半でセミリタイアしました。それまでの道のりをお話ししたいと思います。

私は大学を卒業して通信系の会社で約1年間働いたあと、25歳で人材開発系の組織に転職しました。就職直後から、証券会社のシミュレーターで株式投資の真似事をしており、転職して最初の給料は、全額、株式投資につぎ込みました。

当時は今よりもっと、株式投資は特別なものと思われていました。社会人になりたての若者が背伸びをして高いクルマを乗り回したり、初任給で両親にプレゼントを買ったりするなか、**私は全力で株に投資していたのです**。

当時の上司に「初任給は何に使ったの？」と聞かれ、「株を買いました」と答えると、会話が止まってしまったのを覚えています。転職してすぐの給料を投資に振り向けるのは、「常識的」ではなかったからでしょうし、「全額を株に投資しました」と言ったら、きっと心配されたでしょう。

当時のことは前著（『お金が増える 米国株超楽ちん投資術』ＫＡＤＯＫＡＷＡ）に著しましたが、投資に力を入れたのは「**人生の選択肢を増やしたかったから**」です。

飲み会に行く時にも、「おなかを空かせて行くとお金がかかるからマクドナルドでハンバーガーを食べてから行こう」と言って、周囲を驚かせたこともありました。

当時は大学生でもクルマを持つのがステイタスでしたが、初めてクルマを買ったのは結婚してからで、廃車寸前のクルマを譲り受けたり、友人に呆れられながら、色もあせた安い中古車を買ったりしていました。

お金に執着していたというわけではないですし、海外旅行やスノーボードなど、旅行や趣味はそれなりに楽しんでいましたが、高級なモノが欲しいとは全く思いませんでした。そういうことより、ある程度お金を貯めて人生の選択肢を増やしておきたい、お金から自由になりたいという思いの方が強かったのです。爪に火をともすような生活、とまではいかなくとも、**最初はある程度、支出をセーブ**して、まとまった資産を作った方がいい。そうしないと、経済的自由を手に入れる時期は遠ざかってしまいます。

少々変わっているのかもしれませんが、当時の私は、色あせた中古車に乗ったりすることを楽しむことができました。今はそれなりのクルマを社用車にしていますし、機能性の高い椅子やデスクライトなど、**身体にいいもの、暮らしを快適にするものは、多少高価でも、躊躇なく買うようになりました**。ただ、資産形成しないうちからそうした贅沢を手に入れようとすると、人生は自転車操業になってしまう可能性があります。

資産形成の加速化には引き算の発想が必要

私の自宅はスッキリ片付いているので、友人などからは、どうやって整理整頓しているのか聞かれることもあります（子どもが2人いますが、部屋はいつでも綺麗です）。それにはやはり理由があって、その一つは、**洋服はアイテムごとに4着まで**と決めていることです。長袖のTシャツも、半袖のTシャツもそれぞれ4着に収めるようにしています。物は、そんなにたくさんあっても使えません。数を絞ると管理が楽ちんだし片付くし、少数精鋭で、少々高くても本当にお気に入りのものを揃えることができ、無駄使いも防げます。

これはすべてのことに共通することであり、お気に入りの時間を作りたいと思ったら、お気に入りではないことに時間を使うのはやめた方がいいのです。

1つ始めたら1つやめる、1つ買ったら1つ捨てる、という引き算の発想が大事です。そうすることで、支出も削られて資産形成がスピードアップし、時間の大切さに気付いてセミリタイアへの意欲も高まるのです。

整理整頓や掃除は面倒に感じる時もありますが、運気を高めるためにも必要なことと考えます。それもセミリタイアへの一歩として大事なことだと思います。

株で築いた資産が1億円を突破し、分散が必要に

投資を始めた当初は銘柄を絞り込んだ集中投資でしたが、資産が１０００万円を超えた頃からは銘柄を増やしました。

日本株への投資から米国株への投資に舵を切ったのは、２００８年。リーマンショックのあと、１ドル１１０円台だった為替相場が80円割れまで円高になったためです。日本株はすべて売って１０００万円ほどを一気に米国株に投資しました。この時、インド株、インドネシア株にも投資しています。

米国株と新興国株への投資で資産は６０００万～７０００万円となり、投資について改めて考えました。そして、リターンの大きさから、米国企業の収益性が高いこと、**米**

国株投資を続ければ資産形成への近道だと確信するに至ったのです。

また分散の必要性を感じるようになり、投資の手法を変えていきました。ＥＴＦを買ったり、個別株は10〜20銘柄に分散したりするようになりました。少ない銘柄に集中投資をするのではなく、銘柄分散を図るようになったのです。

２０１７年には、株の資産が１億円を突破しました。

さすがに、１億円ともなると、値動きによる影響が大きくなります。投資額が１０００万円なら10％値下がりしてもマイナス１００万円ですが、投資額が１億円ではマイナス１０００万円です。１００万円では人生が変わることはありませんが、１０００万円ではそう言ってもいられません。

普通はもっと前の段階から、銘柄分散だけでなく、資産分散を検討するのがセオリーです。私は株式、とくに米国株への集中投資で資産を増やしてきましたが、１億円が見えた頃からは、資産分散をしっかりしようと考えるようになりました。

伝統的に、株式との分散効果が高いと考えられているのが、債券です。

債券はどれも比較的安定的な利回りで、収益性が高くない代わりに値崩れも限定的で、ボラティリティ（価格変動）が株より小さいことが魅力となっています。

ディフェンシブな投資家は今も債券を大事にしています。しかし、私は分散効果を得るためのアセットとして債券をメインにすることはしませんでした。なぜなら、世界的に金利が低すぎて、債券の投資魅力が著しく低いからです。

安定収益確保のため太陽光発電に投資

債券の代わりに投資するものとして私が考えたのが、太陽光発電への投資、野立て太陽光発電です。

野立て太陽光発電とは、300~500坪程度の土地を買って太陽光パネルを敷き詰め、発電した電気を売電する、太陽光売電の一つです。

都市部では土地代が高いので工場の屋上や住宅の屋上に設置するぐらいですが、地方は土地価格が安いため、土地代込みでもそうした事業が成り立ちます。

私はまず5基を設置しました。投資額は1基につき2000万円で、自己資金は土地代などで2500万円、**残り7500万円は銀行から融資**を受けました。現在と比べ、収入が安定している会社員などは比較的、融資が受けやすい状況だったと言えます。

不動産投資には空室リスクがありますが、**太陽は毎日昇り、太陽の年間平均日射量は災害がなければ数百年、数千年間、一定で推移しています**。私は、太陽光発電は債券に似た性質があり、安定的な収益が期待しやすい投資先だと思っています。

太陽光発電への投資を機に資産管理法人を設立

太陽光発電への投資をするにあたって、２０１７年には資産管理法人を作りました。税メリットなども考慮し、法人のスキームを使った方がいいと判断したためです。資産が1億円になったことで分散の必要を感じ、債券ではなく太陽光を検討した。その方法論として法人を作るという選択肢を選んだ、というわけです。

資産管理法人の設立については、まずは税理士さんに依頼し、税理士さんから紹介された司法書士さんに登記手続きを依頼しました。登記は自分で行うこともできますが、私は専門的な実務は報酬を払って依頼した方が効率的だと思っており、任せられるものは依頼することが多いです。

税理士さんや司法書士さんなどはネットで探す方法もありますが、私の場合は友人に紹介してもらいました。周りを見ても、誰かに紹介してもらうケースが多いようです。

設立時に登記費用を含めた初期費用がかかり、以後は年間のランニングコストとして顧問税理士さんへの報酬が発生します。

私が設立した会社は、合同会社という形態で、出資者がみな並列で代表となり、権益を持つという形になります。**設立費用が収入印紙や登録免許税で10万円程度**、ほかに司法書士さんへの手数料などで済むというのが、最大のメリットです。

場合によっては、途中で株式会社に改組した方がいいケースもありますが、スタートアップとしては使い勝手がいいと思います。

本業と運用の兼業を卒業しセミリタイアへ

私が、勤務先を退職しセミリタイアしたのは、2019年の3月末です。

私は、人生の選択肢を増やすために投資をしてきましたが、実は「セミリタイアしたい」「アーリーリタイアしよう」という発想はありませんでした。職場の先輩が話しているのを聞いて、**1億円ぐらいの金融資産ができればセミリタイアはできるのかな……？　と思った程度です**。

そんな私が最初に勤め先を辞めようかと考えたのは、入社して13年目（大学卒業後14年目）の2012年、30代半ばの時です。

その頃、私は中間管理職のような立場になり、上役の言うことを聞きつつ、後輩の意見を調整して仕事を進める、といった状態でした。年代的に、ごく一般的な流れだと思います。しかし、それまでの私は比較的自由に、自分の考えで仕事をしてきたので、中間管理職的な立場は少々息苦しく、「**アイディアが湧くうちにいろいろなことに挑戦したい**」という気持ちが強くなっていきました。

組織においての意見調整は大事なことです。しかし、それを仕事の柱に据えてしまうと、やりたいことをやり抜けないというジレンマに陥ります。人生二度なし、自分のやりたいことに寄り添った生き方をしたいと思い、残りの人生の過ごし方を変えることにしたのです。

しかし、実際に行動に移したのはまだまだ先のことです。

仕事にやり甲斐もまだ感じていたので、すぐにでも辞めよう、というところには至りませんでした。

銀行の入出金記録で過去3年間のおおよその支出を把握し、子どもの教育費を多めに見積もると、4人家族で、年間の支出は600万円程度と想定されました。友人の中には資産額5000万円で辞めた人もいましたが、私の場合、資産が1億円程度になればセミリタイアが視野に入ってくるかな、と思いました。

当時（2012年頃）の資産は3000万～4000万円くらいで、ただただ資産を増やしていくために株式投資を続けていました。

何年後にセミリタイアしようとか、いつまでにいくら準備する、といった具体的な計画は立てていなかったのです。

2017年に株式の資産が1億円を超えました。資産管理法人を設立し、太陽光発電投資や民泊を始め、不動産投資にも着手しました。さらに、ブログ、投資アドバイザーなどの収入で、継続してある程度の副収入を得るまでになっていました。勤務先を辞めようかと最初に思ってから約6年間は継続して働き、終盤の2年間は組織人としての仕事と資産管理法人の仕事を兼業したことになります。

セミリタイアを本格的に考えたのは2017年頃で、実際に退職したのは2019年の3月です。

セミリタイアをしたいからキャッシュフローが生み出せる太陽光発電や不動産投資をした、というのとは少し違います。**株で資産が増え、資産分散が必要なことから太陽光などへの投資を始めた。そこにセミリタイアがついてきた**、という流れです。

副収入が月100万円を超え、なおかつ我が家は共働きで、妻の収入だけでも家族4人暮らすことができる状態でしたから、もっと早くセミリタイアできたはずです。今にして思えば何をためらっていたのだろうと思いますが、決心をつけるまでには、かなり悩みました。辞めてからもしばらくは、本当に良かったのか、悩んだほどです。

私は株式投資には大胆ですが、本質的には慎重です。個人差はあると思いますが、実際に仕事を辞めるとなれば人生における大きな決断です。後悔のないように、じっくり考えたいものです。

決まりかけた不動産投資が白紙に戻った

話は前後しますが、実は退職前に不動産投資にも着手していました。

不動産投資はぜひ始めたいと考えていましたし、タイミングとしては、退職する前にしておきたい、と思っていました。前述のとおり、組織人であるうちは収入が安定しているといった属性から融資を受けやすいと考えたからです。

実際、退職前に条件に合う中古物件が見つかりました。契約直前まで進み、サラリーマン属性が効いて融資もほぼ決まりました。それなのに、契約直前になって売主さんが売却を取りやめるというアクシデントに見舞われ、白紙になってしまいました。

８０００万円で購入希望を出し、８５００万円前後で折り合いがつきそうだったにもかかわらず、途中で売り止めになったのです。理由は相続で揉めたため、ということでした。しかし、３カ月後に１億２０００万円で再度売りに出されていました。そのくらいの価格で売れると査定されたわけです。

購入に至らなかったのは残念でしたが、買い付けの目線が外れていないことを確認できたのは収穫でした。

不動産投資をするのであれば、基本的には、サラリーマンであるうちに融資を受けるのが望ましいと思います。サラリーマンであれば、安定した収入がある点が評価され、融資が受けやすいからです。

私は仕事と資産運用、また投資関連の副業を兼業しており、不動産投資のために動く十分な時間はありませんでした。また条件に合う物件がなかなか見つからず、やっと出合った物件も成約に至りませんでした。その結果、不動産投資をしないまま退職することになってしまったのです。

投資実績への評価で融資が実現し、アパート一棟に投資を開始

サラリーマン属性がなくなってしまえば融資を受けるのは厳しく、しばらくの間、不動産投資は無理だろうと思いました。

とはいうものの、物件探しは続けており、2020年、ついに東京都内にいい物件が見つかりました。

賃貸住宅の需要が高いエリアで、更地を取得して1棟（6住戸）のアパートを新築するという案件です。

数行の銀行にあたると、幸いにも太陽光や株の資産を評価してくれる銀行がありました。サラリーマン属性ではなく、私が立ち上げていた資産管理法人に対してプロパーローンを貸してくれると言うのです。

プロパーローンとは、主に法人が事業のために利用する融資で、法人としておよそ3年以上は安定した経営が求められます。事業の収益性や安定性などから個別に融資条件が決められ、事業の内容が良いと判断されれば、メガバンクや地銀などでは住宅ローン並みの金利で借りられる場合があります。

個人ではなく、法人の事業に対する融資であるため、**同時に複数の融資が受けやすい**という特性もあります。そのため、物件数を増やしていくなど、投資の規模を拡大したい場合には、資産管理法人などを作ってプロパーローンを利用するのが適していると言えます。

一方、主にサラリーマンが属性を生かして利用するのが、アパートローンです。金融機関の評価である積算額や収益が、投資に必要な額に届かないことが多いため、不足する部分をサラリーマン属性で補います。サラリーマンの安定した収入が評価されることで、融資が受けられる、ということです。

資産管理法人に対するプロパー融資を受けたことで、しばらくは難しいと思っていた不動産投資を実現することができました。東京23区城南エリアの全6戸の賃貸アパートです。**頭金は約1400万円、融資は約5600万円で、金利2・4%、25年返済です。**

不動産会社の説明では表面利回りは7・1%でした。しかし家賃について調査すると、不動産会社の想定より少し多くの家賃収入が見込めることがわかりました。その場合の表面利回りは7・8%となり、これが投資する決め手になりました。

2020年初めに土地の売買契約などを締結し、その後、建物を建設し、同年夏に入居開始となりました。物件に出合って投資の意思を固めてから、入居開始まで9カ月間を要しました。

その後、2つ目の不動産投資も行っています。

東京に程近い神奈川県の土地を買って新築アパートを建て、価格は1億2000万円、頭金2000万円、融資1億円です。

1棟の住戸数は物件によって異なりますが、住戸数が増えても投資の手間はほとんど変わらないため、**私は1棟で10戸以上が効率的だと考えています**。取得した土地には1戸あたり約18㎡・全10戸の建築プランが付いていましたが、容積率などに余裕があったため、新たにプランを検討。22㎡×12戸に設計し直しました。戸数を増やしたことで期待できる利回りが高くなり、表面利回りは9%を超えます。設計については複数の人に話を聞くなどして、投資効率が高くなる可能性を探ることも重要です。

融資はプロパーローンです。太陽光発電と、1件目の不動産投資の実績が評価されたことによって、借りることができました。金利は0・7%、返済期間は30年と、ほぼ住宅ローンと同水準の内容です。

両物件は知人からの紹介で、市場には出ていないものでした。ネットワークがあれば投資に適した物件に出合える機会に恵まれることもあり、物件探しには効率的だと思います。私は、太陽光と最初の物件の経営が評価され、2棟目に繋がりました。**一つひとつの事業できちんと実績を作っていくことが大事です**。

太陽光発電や不動産投資は、株で培った人脈で学んだ

太陽光発電も不動産投資も、本だけでなく、友人からも多くを学びました。主に教えてくれた知人は2人で、一人は一緒に趣味を楽しんでいる仲間、もう一人は、私が書いているブログを通じて知り合った友人です。基礎知識はかなりの部分、本から学ぶことができますが、実際に投資している人からは、リアルで、実践的な話を聞くことができます。専門家を紹介してもらうこともできるので、やはり、人との繋がりは重要です。

セミリタイア直前には多忙を極めた

セミリタイアする2カ月前に書いた懐かしいブログを一部引用します。

＊　＊　＊

2019年1月現在、たぱぞうは以下の仕事&趣味があります。朝早ければ5時から、

夜は10時ぐらいまで、遅いと11時ぐらいまでが以下の活動で埋まっています。すべてを毎日するわけではありませんが、1週間の中ではほとんどやり切りますね。

●本業
●米国株ブログの記事書き
●米国株ブログへのご質問の返信、記事化
●投資アドバイザー業務（決算チェック&レポート）
●不動産買い付け、仲介さんとの打ち合わせ
●金融機関との折衝、相談、作戦会議
●民泊の管理、管理会社との調整
●太陽光発電設備の管理、打ち合わせ
●セミナー、講演の資料作り
●書籍化の打ち合わせ
●雑誌社との打ち合わせ
●広告会社との打ち合わせ
●純粋な飲み会と取材という名の飲み会
●下手なフットサル

●時々ジム＆ラン
●子育てと家事

一部はＳｌａｃｋやチャットワーク、一部はライン、あるいはメールでやり取りしています。これがかつてないほど忙しく、人生最高の繁忙期を迎えています。これをあと３年続けたら、おなかにお肉がたくさん付きそうです。

なんやかんや、とくにこの１年は忙しく、土日もまともに休んでいません。

＊　＊　＊

本業と、副業との両立は、かなり時間的に厳しいものでした。とはいえ、とても楽しく、充実していました。

セミリタイアしても忙しさは変わらない

セミリタイア後の日々の行動を整理すると、毎日２〜３時間は銘柄分析や物件精査です。株だけでなく、不動産や太陽光発電も含め、ほかの人から頼まれて物件を見にいくこともあり、いくら時間があっても足りません。自分自身の案件で動くのは2～3カ月に1回あるかどうかです。

試行錯誤の最中ですが、ただ、それがすべて自分裁量、というのがセミリタイアの魅力です。

理想としては午前中は仕事をして、午後はジムに行ったり走ったり、おいしいものを食べに行ったりしたいと思っていますが、できる日もあれば、できない日もあります。**セミリタイアしたのに意外と忙しい**のです。それでも、毎日昼寝ができるようにはなりましたし、好きなことしかしていないので、変なストレスはなく、勤めていた時と比べて満足度ははるかに高いです。無理はしないし、嫌なことはしないからです。

セミリタイアすれば、自分の好きなことに打ち込んで生きることも可能です。

忙しくても満足度が高いセミリタイア生活

セミリタイアして良かったかと言えば、もちろん、良かったです。

私は43歳でセミリタイアしましたが、決断を遅らせ、その後も組織で働いていたら、後悔したと思います。

仕事、いわゆる日常的な業務には、大きな意味があると思えるものと、あまり意味がないと感じるものがあります。最近わかりましたが、その感覚は人によって異なります。生産性を高めることを重視する人もいれば、組織に順応して決まったことをやり遂げることに価値を見出す人もいるわけです。どちらがいいとか悪いとかではなく、価値観の違いであり、それぞれに役割があるのです。

私も組織にいた時にはそれなりに順応していましたし、実際、仕事は好きでした。しかし私の性格から考えると、あの時辞めていなければ、いずれ後悔していたのではないかと思います。

そういう意味では、自身で発想して成果を目指すのが楽しいのか、組織に順応して働くことが合っているのか、まずは自身のパーソナリティを見極めることです。前者であればセミリタイアして自身で仕事を得るのも良さそうです。時期が早すぎるようなら、裁量が大きい仕事に転職して仕事のスキルを高め、資産形成を進めてセミリタイアを目指す、というのもいいのではないでしょうか。

もちろん、後者であっても、セミリタイアによって得られる経済的自由、時間的自由のメリットは大きいと言えます。自身のパーソナリティに合った仕事を時間的な余裕を持ってする、というのも、いい生き方だと思います。

セミリタイアとは目指すものか

私の場合は資産形成、資産運用の先にセミリタイアという道が拓けた、という感じですが、知人などを見ていても、セミリタイアを目指して計画的に進めていく人と、環境が整い、自然の流れとしてセミリタイアする人と、2通りあると思います。

資産運用でも、副業でもいいのですが、一生懸命何かに取り組んでいたら、それが本業の収入を超えて、本業を続ける意味がなくなったというタイプの人もいます。私の友人にはこのタイプが多いです。起業して上場したり、起業したあと、会社を売却したら数十億円になったりした人もいます。彼らは完全なリタイアは考えておらず、また次の新しいアクションを起こしています。

一方で、仕事が辛くて、計画的にいろいろ積み上げて辞める方もいます。どちらがいいとか悪いとかではなく、これもタイプの違いだと思います。

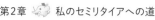

後輩や若い人からも会社を辞めたいという相談を受けることがありますが、そういう人には、**マインドマップで自己分析をすることや、自身の考えや日々思うことを記しておくことを勧めています**。

日常には、とりあえずの安定というバイアスがかかるので、一歩踏み出すことは簡単ではありません。また決心をして勤務先を辞めても、そのあと不安になったりもするものです。そこで、セミリタイアしようと思った時の気持ちを日記に書き留めておくのです。セミリタイアしたいという思いや、決断までの葛藤などを言葉で残しておくと、その時の気持ちが蘇り、「セミリタイアして良かったのだ。頑張ろう」などと思うことができると思います。

運気を高める努力をする

太陽光発電や不動産に投資をする際には知人に助けてもらいましたし、資産運用をするには人脈も大事だと思います。人脈は一朝一夕には作れませんし、いい人に恵まれるよう、運気を高めることも大事だと思います。

私には少しシニカルなところがあり、大学生の頃など、その傾向が少し強かった時期があります。20歳を過ぎた頃、自分でも気になるようになり、改めるようにしました。

私が、運気を自分で作り出すというスタンスで取り組んでいることをご紹介します。

●整理整頓をする

整理整頓は大事です。

整理とは捨てることです。同じシーズンの服は4着までなど、数を決めて少数精鋭で過ごす、迷ったら買わない。こうすることで、気に入ったものだけに囲まれることになり快適です。とにかく整理整頓。捨てること、しまうことで運気が上がります。

●人の悪口を言わない

ネガティブな意見を言うと確実に運気を下げ、ポジティブな意見を言う人には、ポジティブな人と運気が寄ってきます。ネガティブな意見を言う人に近づかないようにすることも大切です。

●デジタルに日常を割きすぎない

YouTubeやブログなど、一日のどこかで意識してデジタルデトックスします。株価とにらめっこしても、Twitterで論破してもお金が増えるわけではありません。デジタルは人の興味関心を巧みに刺激し、無限に時間を消費します。毎日だらだらとデジタルに付き合うことで、運気は確実に下がっていきます。

●続けて長く運動をする

例えば1日1万歩とか、週に何回か筋トレをするとか、テニスをするとか、自分の好きな運動を続けて長くすることです。ウォーキングは優れた良い運動です。筋トレやテニス、フットサルは頑張ってけがをすることがありますが、ウォーキングはけがの可能性が少なく、疲れていても自分のペースで取り組むことができます。ゆったりと思索の世界に浸れるため、脳がリフレッシュする効果もあります。

●PM10時からAM2時を逃さず寝る

ＰＭ10時からＡＭ２時は最も質の高い睡眠がとれる時間とされています。質の高い睡眠は、運気を向上させ、やる気を引き出します。

●お酒を飲みすぎない、禁酒日を設ける

お酒はリフレッシュ効果を生みますが、だらだらと習慣化しやすいデメリットもあります。アルコールは睡眠の質を悪くします。飲まないコツは、食事の前にソフトドリンクを飲み、ご飯をしっかり食べることです。夕食で満腹にして飲まない日を作るといいと思います。

●こまめに掃除をする

こまめに掃除をします。とくにトイレ掃除やお風呂掃除がよいです。磨くことで心も磨かれます。好き嫌いがあるので、無理のない程度に。

運気を上げる行動は、とりとめのない、普通のことの積み重ねです。日々の行動で運気を高め、運気をコントロールしていく。「善い行い」が未来の自分を作ります。

私がとくに重視したのは、「人の悪口を言わない」ことです。

人間関係でも、とくに初対面では相手のいいところを見つけて、それを伝えることが大切です。相手の良さを発見しやすくなり、相手の心も開きやすく、仲良くなりやすいと思います。

そもそも、私の資産運用は特別に優れているわけではありません。もっとすごい投資家はたくさんいます。ただ、ほんの数年、人より早く動いただけ、です。

互恵的な人間関係を目指そう

資産運用について、「いい情報が集まってくるようにするには、日頃どんなことを考えておけばいいか」という質問を受けることもあります。**重要なのは自身が相手にとって価値のある人間であること**だと思います。私もそうありたいと心掛けています。

人間関係はやはり互恵的でないと発展しないという部分があります。互恵的でないと教えてもらいにくく、自分が相手に何かしら役に立てるものがある、価値ある人間であり続けることが重要だと思います。

資産管理法人を興して成功している人を何人か知っていますが、やはり各自が強いジャンルを持っており、**困った時、知りたい時には質問ができるような関係**ができています。強みがなく、与えられるだけでは関係を維持するのはしんどいでしょう。

とはいえ、価値ある人間であるために頑張って得意分野を持つ、というよりは、好きなことを突き詰めていったら自然とそうなる、ということだと思います。

学生の頃から起業している人もいますが、私の周りでは、起業ありきではなく、好きなことをやっていたら売り上げが発生して気が付いたら会社になっていた、という人が多いようです。

勉強会は互いを高め合う場

私は、ブログから発生した勉強会を主宰しています。

個人投資家の方々と米国株や投資について語り合う会で、株式銘柄の検討、質問のほか、**太陽光発電や不動産についての情報交換**なども行っています。私のメインの活動であり、今、一番楽しい活動でもあります。

現在約２００名の方が参加してくださっており、法人投資家としてデビューした人は数十名以上にのぼります。

隔月のペースで定例会を行っており、そこでは毎回、メンバーのうちの誰かが、自身の専門分野、得意分野のプレゼンをしてくださいます。男女問わず、年齢層も幅広いごく自由な会で、私も大いに学ばせていただいています。話すことで自身も磨かれますし、**誰かと知識を共有することの意義**、そこから何かを得られるということを感じますし、参加されている人たちは経験としておわかりになっているのかもしれません。

そういう場に足を踏み入れてみるのも、未来に繋がる大きな一歩だと思います。コミュニティに参加することで、人脈作りの過程を一気にショートカットでき、とてもいいと思います。私がセミリタイアに至る過程にはそういう機会がなかったので、羨ましいと思うこともあります。やはり、**1人で運用しているだけでは情報を蓄積しにくい**のです。

ブログの読者も、勉強熱心な方が多い印象です。寄せられる質問のレベルも高く、もっと勉強しなければと思ったり、研鑽のきっかけになることも少なくありません。

よりよい人脈を築くことや、情報を得ようという姿勢も、セミリタイアのために重要な資質だと思います。

投資規模5億円突破、アーリーリタイアも可能に

現在は、太陽光発電の売り上げが年間１１００万円で、うち返済が６００万円、経費50万円で、**手残りが４００万〜５００万円**くらいです。

太陽光発電については、当初、メンテナンスも自身で行っていました。草刈り機などを購入し、週末に敷地の手入れをするのです。そして、大好きな温泉に浸かり、おいしいお酒を飲んで１泊する……。大変ながらも楽しかったのですが、温泉宿に泊まるより、業者さんに依頼した方がはるかに安上がりだという、気付いてはいけない事実（！）に気付き、以来、外注しています。

不動産からの売り上げは年間約１６００万円で、ローン返済や管理費などの経費を除くと、手残りは７００万円前後です。太陽光と合わせて、ハードアセットのみで月１００万円前後の収入があるということです。

株式２億５０００万円、太陽光発電１億円、不動産２億円で、計５億５０００万円の

投資規模です。単純に4%の利回りで計算すると約2200万円、利回り3%でも1650万円となります。

セミリタイアするには十分な額ですし、妻は会社員として働いていますが、**夫婦でアーリーリタイアすることも可能**だと思います。

セミリタイアはもっと早く決断できた

私の場合、初めて退職を意識してから実際に退職するまで約6年かかりましたが、もっと早く、えいや！と思い切ってセミリタイアすれば良かったと思います。慎重な性格ゆえ、決断が2～3年遅かったですし、それによって機会損失したこともあったと思います。

決断できなかった理由には、前の仕事への未練というのも、少なからずありました。逆に慎重に考えたからこそ良かったと思うのは、前職について十分にやり切ったという思いがあり、全く後悔がないことです。

実は私も、組織を辞めて半年くらいの間は不安になったり、戻ろうかなという波が襲ってきたりすることもありました。

退職して社会との接点が激減したのと、前の仕事も結構好きだったというのが、その原因だと思います。それともう一つ、お勤めしている方には大変失礼な話ですし、必死で戦っている方には叱られると思いますが、職場に出勤して給料をもらえるということが羨ましく思える時もあったのです。

元同僚などから、「戻らない？」と言われたり、別の知人から「うちの会社にこういう仕事があるから入らないか」などと言われたりして、ちょっと心が動く時期もありました。裏返すと、若干不安みたいなものがあったのだと思います。

退職から半年で生活に慣れました

退職して半年も経つと、生活に慣れました。

退職後の株式相場が堅調で、爆発的に資産が増えたからです。万が一このあと暴落して半値になっても大丈夫、というくらいに資産は増えました。太陽光発電にしても不動産にしても、**収入がどんどん増えることは、精神的な安心を生みます。**

退職してしまって、運用がうまくいかなかったらどうなるのか、と思うかもしれませんが、そのために必要なのが、「**資産分散**」です。

分散していると精神的な安定を生み、不安を小さくできます。

逆に余裕のないプランでセミリタイアに踏み切ってしまったり、株だけに集中投資していたりすると、強いメンタルが要求されます。

私の場合は、太陽光と不動産からのインカムが入り続けましたから、非常に落ち着いた心持ちでいられるのです。

実際、２０２０年には、大きな株式投資は3回しか取引しませんでしたが、1回も負けずに乗り切りました。投資に絶対はありませんから、時には負けても仕方ないのですが、成果は上がっています。落ち着いた心境でできる、ということも、影響していると思います。

セミリタイアは目的ではなく、手段

私は、年収が飛び抜けて高かったわけでも、資産家の生まれでもありません。

それでも、運用に取り組んできたことで、セミリタイアすることができました。

セミリタイアは「目的」ではなく、やりたいことをするための「手段」です。

世界旅行をしたい、サッカーチームのコーチになって地域の子どもを育てたいなど、人それぞれにやりたいことがあるでしょう。セミリタイアはそれを可能にするための手段であり、セミリタイアそのものが目的ではないことは、念頭に置きたいところです。

ブログにもセミリタイアに関する相談が多く寄せられます。

その中には収入が多い方や、相続によって一撃で資産が増えた方もいますが、**収入や資産が多くとも、特別、贅沢しているわけではない方が多い印象です**。

セミリタイアしてやりたいことがあると、お金の使い方が意識的なものになったり、運用に取り組めたりするのでしょう。

今の収入は、「今の生活」と「将来の生活」のためのものです。そういう認識がないと、今の収入をすべて今の生活に使ってしまいかねません。

セミリタイアにおいて重要なのは、今ある資産の多寡や収入の水準ではなく、将来のために資産運用を行い、それを続けていくことです。運用する資金を確保するために支出のバランスを考えたり、自分にはどんな運用が合っているのかを知ったりすることは、セミリタイアするために必要な素養でもあります。

自分がやりたいことをするためにセミリタイアを目指す。自分がどう生きたいかを考えながら、運用に向き合って資産を増やしていくことが大切なのです。

第3章

たぱぞう流
ペーパーアセット投資
の新常識

セミリタイアするには投資が必須

セミリタイアのためには、ある程度の資産を築き、そこから運用益を得る必要があります。資産が多く準備できれば働いて得る収入は少なくて済みますし、資産を早く準備できればセミリタイアの実現時期を早めることができます。どうすれば効率的に資産が築けるか。ここからは具体的な資産形成についてお話ししましょう。

株が上がった。金が、ビットコインが上がった。都心部の不動産価格も上昇した。という場合、**通貨の価値は弱まった**、という見方もできます。それに気付かずに預金だけを続けていては、いつまで経っても相対的に資産が増えることはありません。

通貨の価値は下落している傾向があり、その他のさまざまな資産の価値が上がっているのは事実です。そうしたことからもセミリタイアのために、株などの資産に投資する必要があることがわかります。

投資対象には、「**ペーパーアセット**」と、「**ハードアセット**」があります。

ペーパーアセットとは、株式や債券など、手軽に投資できる資産です。現在は電子化されていますが、もともとは株券、債券、という紙ベースで発行されていたこともあり、ペーパーアセットと呼ばれます。

一方、**ハードアセットとは、不動産などの実物資産**を指します。ペーパーアセットとは、値動きの要因や特性が異なります。例えば不動産投資で得られる家賃収入は、株ほど上下動は激しくない傾向にあるため、インカムは安定しやすくなります。

ペーパーアセットでセミリタイアするための資産を築き、ある程度の資産ができたら、ハードアセットを加えて資産に安定性を持たせ、セミリタイアに適した運用体制にする。それが、私が実践した運用スタイルです。

まずはペーパーアセットでの資産形成について述べていきます。

211年間の年平均リターンは株式なら6・7%

88ページのグラフは、1802~2013年のアセット別の価格推移と、年平均リターンを表したものです。

1802-2013年の資産別年平均リターン

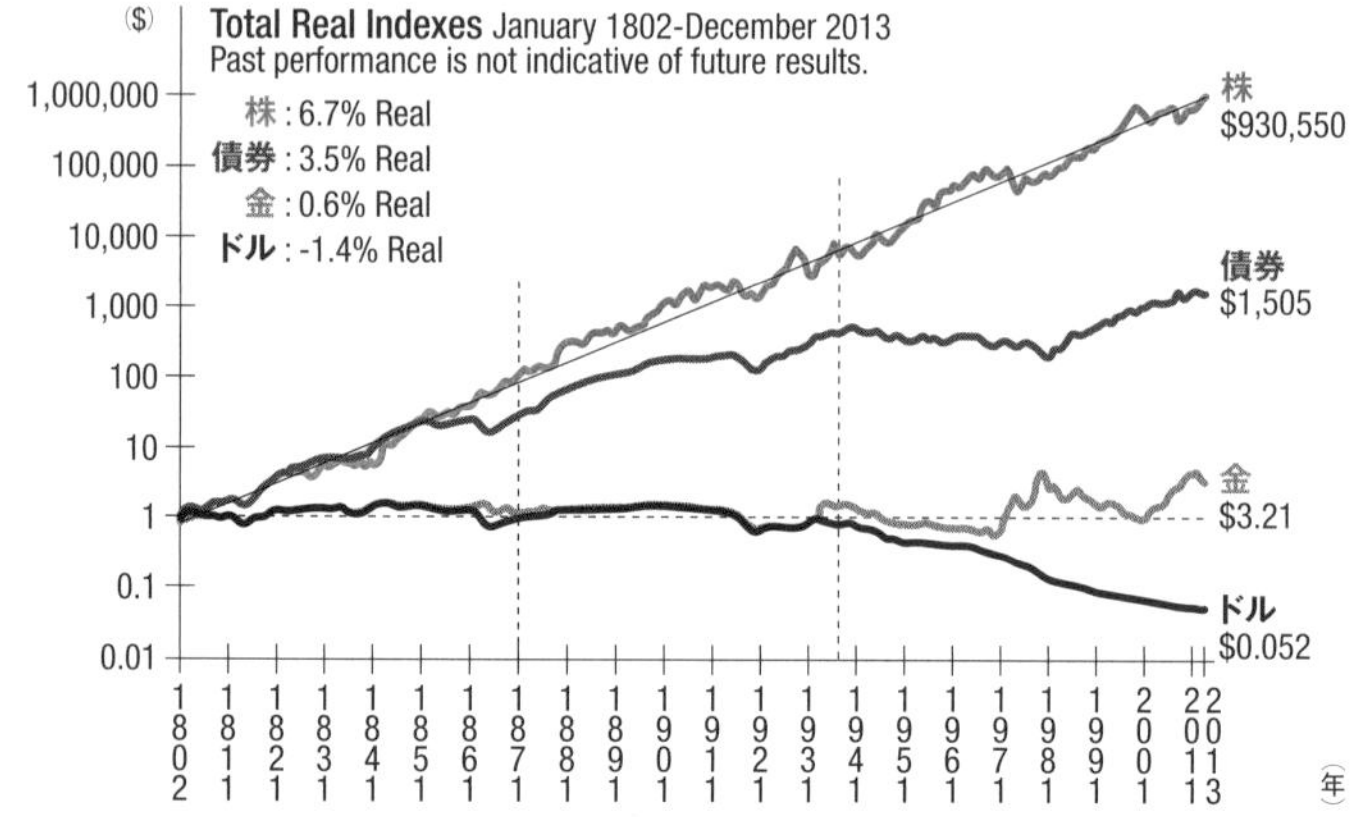

（出所）Jeremy Siegel（2014）, Real Returns Favor Holding Stocks, American Association of Individual Investors

1802年に1ドルだったものが、211年後の2013年にどうなったかというと、**株は93万ドル、債券は1500ドル、金は3ドル**、となっています。世界の基軸通貨であり、信認が高いドルでさえ、0・052ドルまで減価しています。

これは学ぶことが多いデータです。211年間の年平均リターンを見ると、株式は6・7%、債券は3・5%、金は0・6%、ドルは▲1・4%です。長期で見ると、通貨で持っていれば毎年減価していき、株で持っていれば**年率7%近い水準でリターンが得られた**、というわけです。

こうした過去のデータから考えると、資産を効率よく増やしていくには、株が適していると言えます。

経済が一定水準まで成熟したため、今後の株式の年間のリターンは、４～５％程度になると言われています。

一方で、現金のまま保有しているとインフレ率相当が減価、預金をしてもそれに近い結果になることを考えれば、やはり、株式投資を考えるのが適切と言えるでしょう。

長期の上昇力は圧倒的に金より株

ここ数年は期間によっては株よりも金のリターンが優れることもありましたが、長期のリターンで見ると、やはり株が投資の王道です。１９７５年～２０２０年までの45年間、金は若干の上昇は見られるものの、ほぼ横ばいなのに対し、**先進国の株価指数（MSCI KOKUSAI 配当込み、円ベース）は４０００倍近くになっています**。こうやって、長期のデータで見ると、本当に優れているアセットが何かが明確になります。

ちなみに、「ふるさと創生事業」の1億円ではいくつかの自治体が金を買った例があります。事業として適切だったかどうかはさておき、１９８８年当時１６６２円だった

長期の上昇力は圧倒的に株が勝る

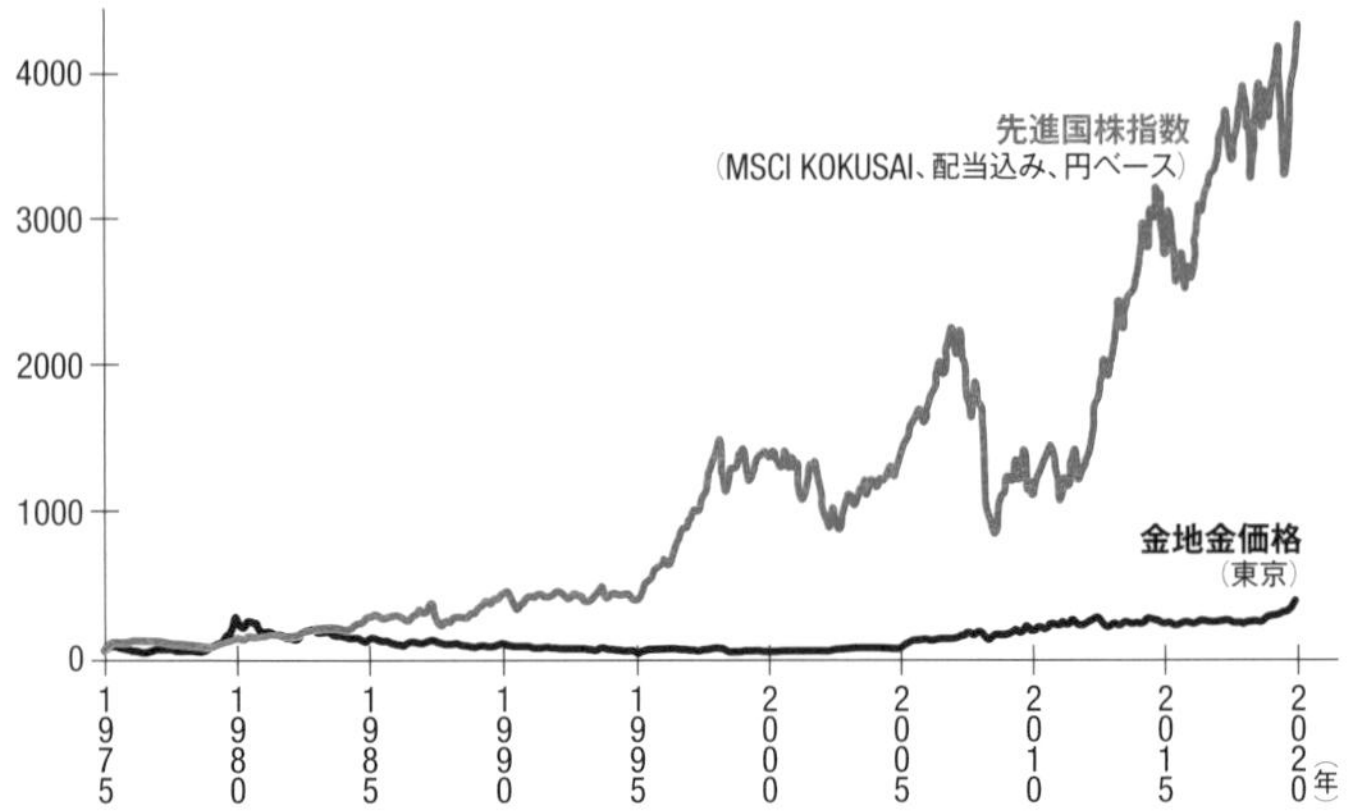

（出所）日本経済新聞／1975年1月＝100として指数化

金の価格は２０２０年には４・２倍以上になっており、その価値は高まったといえます。

批判はされましたが、集客もでき、有効な使い方ではありました。

株式投資なら強い米国株で

一口に株式と言っても、どの国がいいのでしょうか。

私は米国株がいいと思っています。

その理由をお話ししましょう。

91ページのグラフは日本株と米国株の長期総収益（ドルベースの配当込みリターン）と円換算パフォーマンスを比較したものです。１９８９年初を１００とした場合の国内株（ＴＯ

米国株式と日本株式の総収益パフォーマンス〈1989年初＝100〉

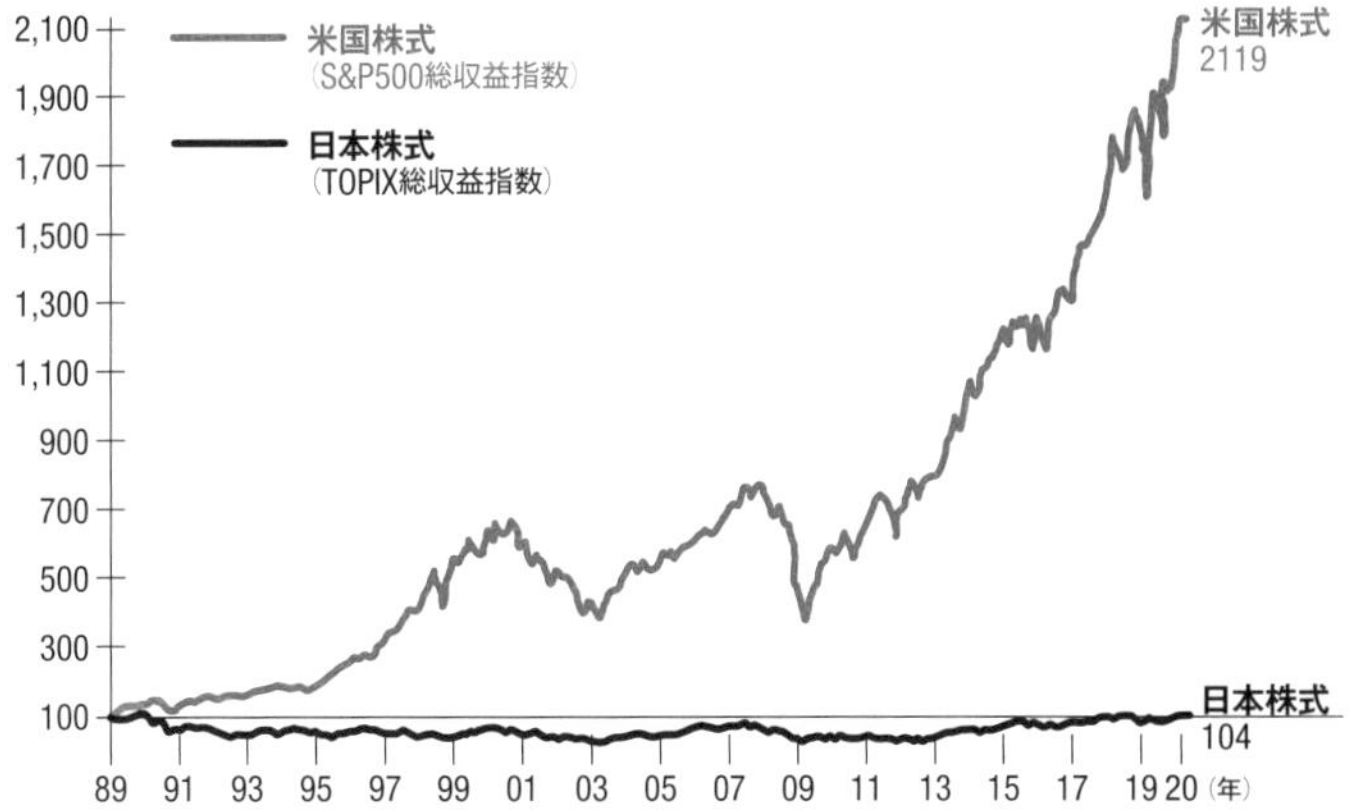

（出所）Bloombergより楽天証券経済研究所作成(1989年初～2020年6月末)

PIX）は2020年でも104とほぼ成長していませんが、**同じ期間で米国株は約21倍に成長**しています。米国株は、短期的な変動はあるものの、長期ではしっかりとリターンが得られていることが見て取れます。

言うまでもありませんが、成長が期待できるものに投資するのが原則であり、日本株ではなく、米国株が候補になるのは明らかです。

世界の株式市場 時価総額シェアでも米国が40%

株式市場の時価総額でも、米国株の力が鮮明にわかります。

92ページのグラフは世界の株式市場の時価総額シェアの推移を表したものです。時価総

各地域別の時価総額シェア

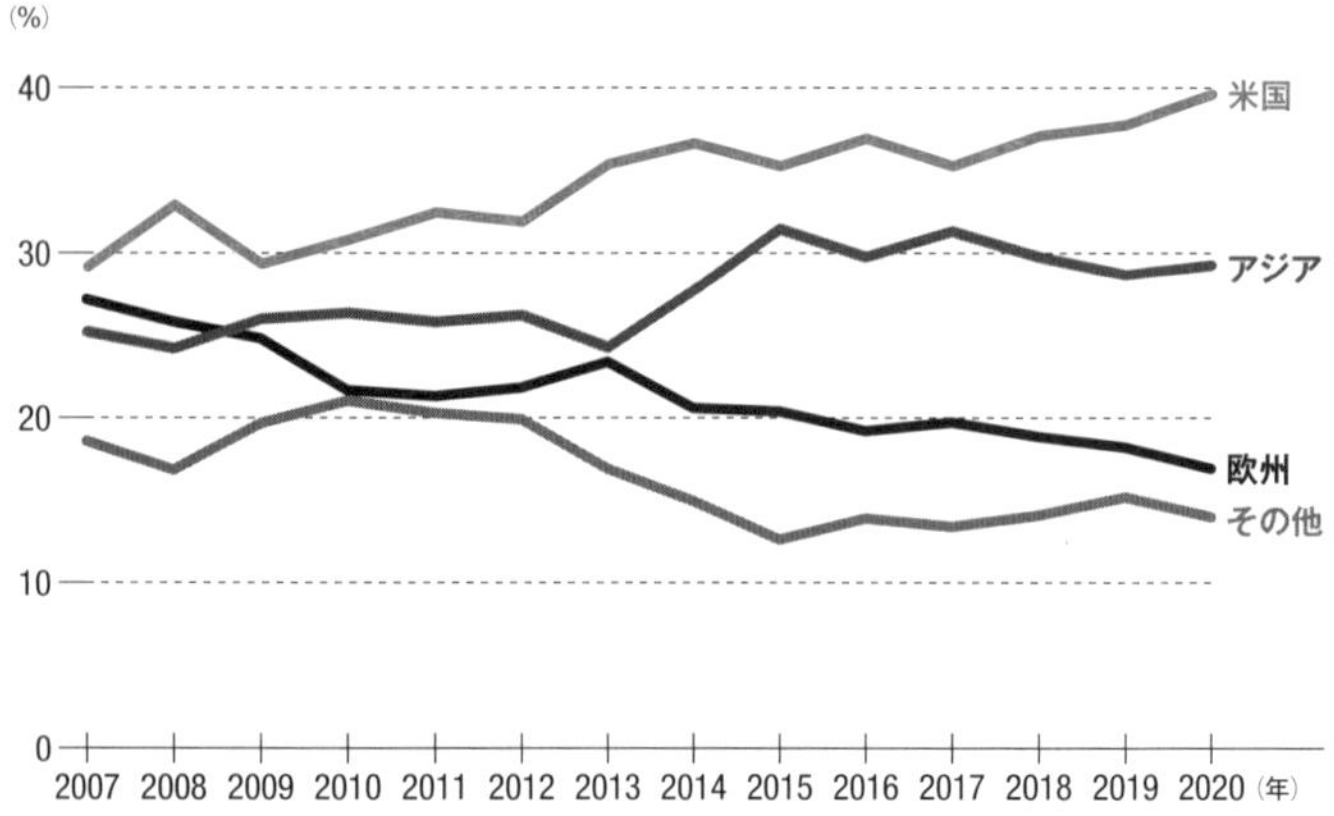

(出所)ファクトセットのデーターベース。各年末値で2020年のみ直近値

額は各国(エリア)の株価の総額であり、経済規模を示します。

２００７年~２０２０年まで、米国は30%から40%に増加したほか、中国の地位が上昇したことでアジアは25%から30%に増加。欧州は28%から18%と、落ち込みが顕著です。

中国やタイなどは２０３０年頃から高齢化に入るのに対し、インドネシア、マレーシア、フィリピン、ナイジェリアなどの開発途上国は若年人口が多く、経済成長が期待されます。しかし株価は意外と伸びていないのが現状です。

米国の強さは人口増加と株主重視

これまでのデータを見ても米国株の強さがわかりますが、私が、米国株がこれほど強く、そして、今後も期待できると考えている理由は、2点あります。

一つは、**米国では人口が増加しており、消費成長国である**ことです。

そしてもう一つは、投資に見合った法整備がなされていることです。

この2点は経済成長、および、投資家がリターンを享受するための重要な要素ですが、それを満たしている国は限られています。

米国では人口が増え続けており、2030年には3・5億人、2050年には3・8億人を超えると見込まれています。人口が増えれば消費活動が盛んになり、労働生産力が維持されます。社会保障を担う層が多く存在するため社会保障負担が過度にならず、税金が適切に再投資されるなど、経済成長に繋がりやすくなります。

また米国の証券取引所は上場基準が厳しく、上場後も、成長性がなければ即座に店頭市場に移されます。**株式市場には成長性の高い銘柄だけが集まり、**自ずと株価指数は上がりやすくなります。

ＥＵ各国は配当利回りが高い銘柄が多くあります。対して米国企業は**売却益（値上がり益、キャピタル）と配当（インカム）の両方が期待できます。**米国の経営者は、投資家が満足する結果を出すことを強く意識しているのです。

世界の有力企業の多くは米国発祥

インターネットは米国発祥です。そして、その土台であるプラットフォームは**ＧＡＦＡＭ（グーグル、アップル、フェイスブック、アマゾン、マイクロソフト）**が握っており、世界的に有力なＩＴ企業の多くは米国企業です。ほかにも、軍事、金融、ヘルスケアなど、多分野において米国が主導権を握っています。

職場ではマイクロソフト、アップル、セールスフォースなどの製品があふれていますね。ＩＢＭなどが得意とした集中的なシステムから、ＳａａＳのような分散型のシステ

日米英の開業率と廃業率に見る企業の新陳代謝力の差（2018年）

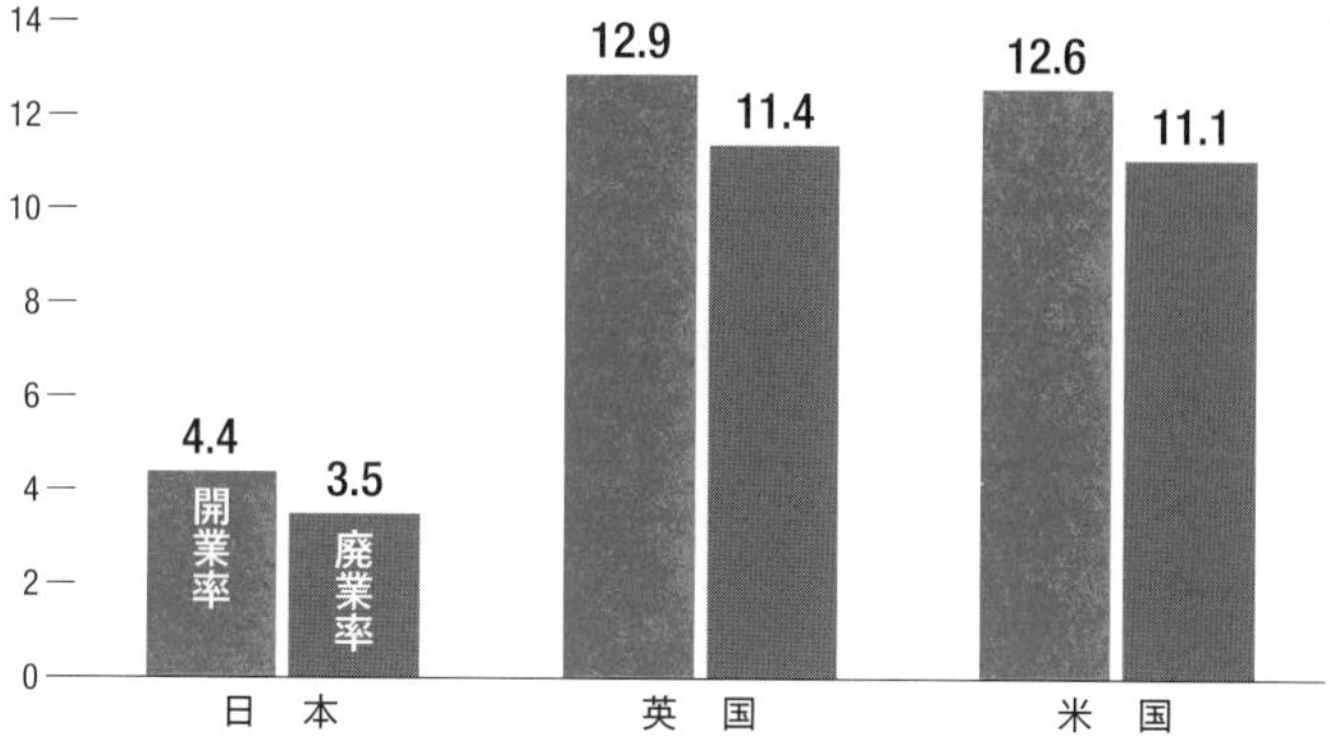

（出所）各国政府の統計よりピクテ投信投資顧問が作成

ムに移行しており、これは現在進行形です。こうした技術の根幹を握っているのが、米国なのです。

ちなみに、米国ではIT業界に限らず新しい企業が続々生まれ、イノベーションの素地があります。

上のグラフを見てもわかるように、米国の開業率の高さは日本の比ではありません。

開業率とは、新規に開設された企業または事業所の年平均数が、すでに存在していた企業または事業所数に占める割合です（廃業率も同様）。

2018年のデータでは、日本は開業率が4・4％、廃業率が3・5％なのに対し、米国では開業率12・6％、廃業率11・1％となっています。英国はそれぞれ12・9%、11・4%です（各国政府の統計よりピクテ投信投資顧問が作成）。

日本はいわゆる老舗企業が多く存在し、廃業率は低い水準です。いいこともありますが、一方で、企業の新陳代謝が進んでいないということでもあります。実際、日本ではよほどの不祥事でもなければ株式市場から退場させられたりはしません。業績がふるわない非効率な企業群が東証一部に存在し続けるため、**TOPIXが上昇しにくい**、ということもあるのです。

新興国市場は効率性に難あり

高成長が期待できる国に投資するという視点から言えば新興国も候補になりそうですが、そうとも言い切れません。なぜなら、新興国では経済成長と株価が連動していないケースもあるからです。また企業の情報開示や市場の透明性が未成熟で、必ずしも安心して投資できる環境とは言い切れないのです。

人口が多く産油国でもあるナイジェリアなど、私も注目している新興国はありますが、資産形成の中心にするのは、**情報開示や市場の透明性がある米国株が適しています**。

世界分散投資は得策か

投資においては、特定の資産に集中的に投資するのではなく、さまざまな資産に分けて投資する「分散投資」が重要とされています。株式だけでなく債券などを組み合わせたり、投資するタイミングを分けたりする時間分散は重要だと思いますが、株については、世界分散を図るより米国集中がいい、というのが私の考えです。

米国の代表的な株価指数であるS&P500に値動きが連動する、「**VOO**」（**バンガード・S&P500ETF**）というETFがあります。このETFに2010年に1万ドルを投資した場合、2020年には3万5000ドルを超え、3・5倍になっています（98ページのグラフ参照）。

その次のグラフは、世界中の株価で構成される指数に連動する「**VT**」（**バンガード・トータル・ワールド・ストックETF**）の価格推移です。同じ時期にVTに投資した場合、1万ドルは2万4000ドルとなっています。

米国株に集中投資していれば3・5倍になっていたのに対し、世界分散では2・5倍

VOOの株価推移

（出所）Google Finance

と、リターンは抑えられています。投資対象を広げれば、成長性の低い国も入ってくるため、リターンが薄くなった、ということです。

理論的には分散すればリターンが抑えられることは自然なことで、その分、価格変動が小さくなるというメリットが期待できるのですが、グラフを見てもわかるようにVTの方が値動きは大きくなっています。分散しているのに不思議だと思いますが、VTの投資先には値動きが大きい新興国が含まれており、それが全体の値動きに影響しているのです。分散しているから安定、とは限らないというわけです。

また米国を除いた全世界の株式に投資する**「VEU」（バンガード・FTSEオールワールド除米国ETF）**というETFは、2021年4

VTの株価推移

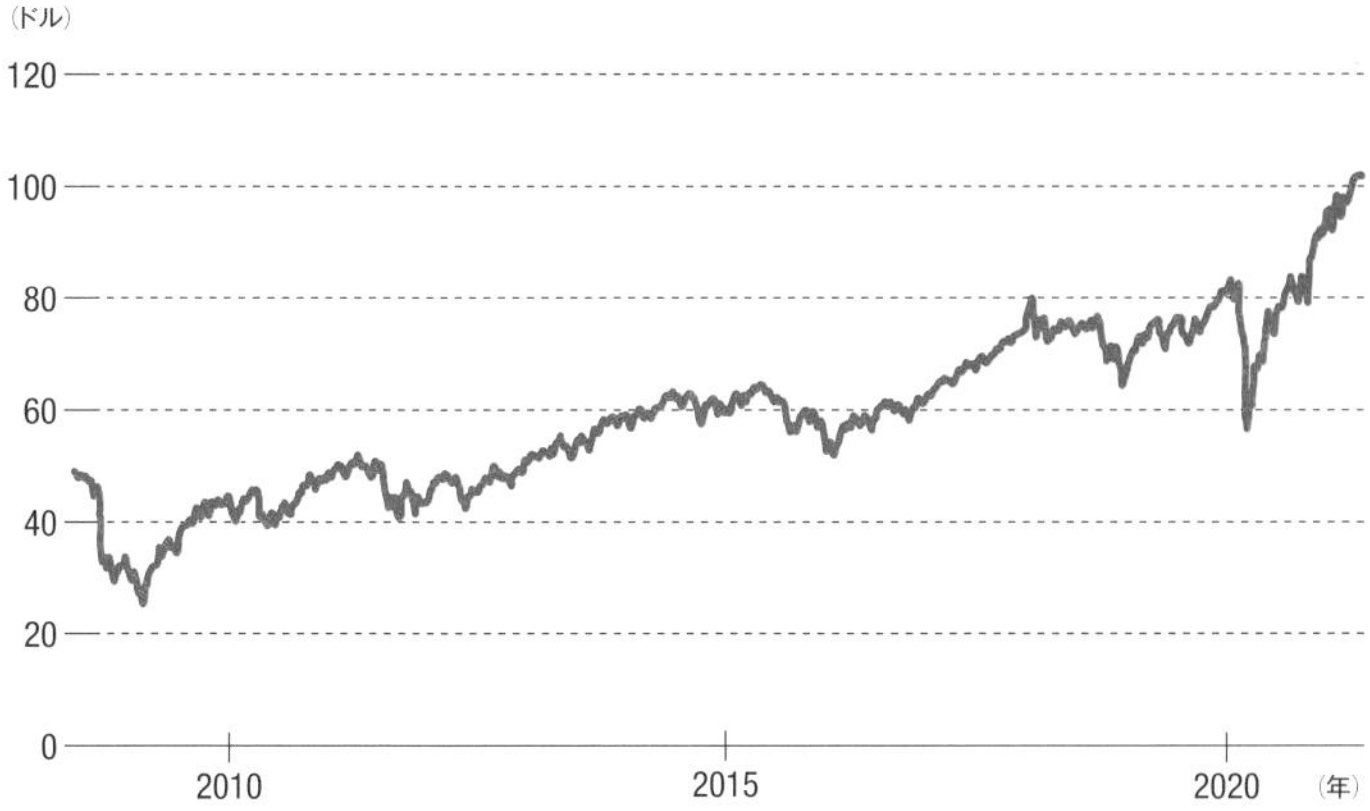

(出所) Google Finance

VEUの株価推移

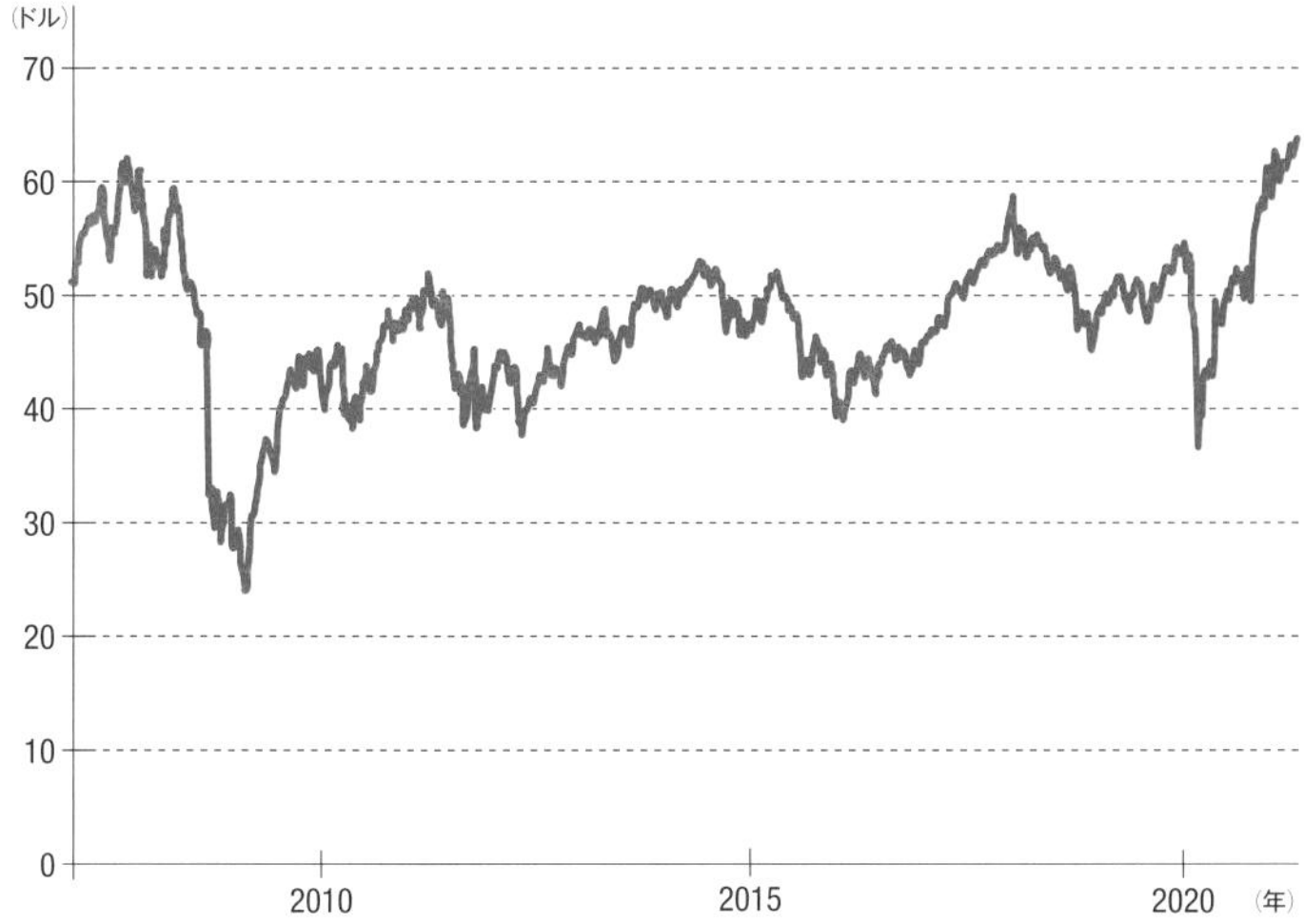

(出所) Google Finance

月にようやく２００７年の高値を更新しました。実に14年もの間低迷していたことになります。つまり、全世界投資である「ＶＴ」のリターンの多くを米国株がけん引してきた、ということになります。

米国株の時価総額シェアが大きくなっているというのは前述のとおりで、全世界株投資と言っても、そのうち、**約60%は米国株が占めています**。世界株を選択したにせよ、米国株の影響を大きく受けるわけです。

さらにＳ＆Ｐ５００に含まれる銘柄（企業）の売り上げを見ると、内需によるものは６割で、そのほかの４割を海外からの売り上げが占めています。つまり、米国企業の多くは国際企業であり、**米国株に投資すれば世界経済の成長を取り込める**というわけです。

当面は米国株集中でいい

データを遡れる過去25年に限って言えば、米国株投資の方がリターンは大きく、どの時代を切り取っても全世界分散よりも優れていました。

しかし、この先どうなるかを正確に予想することはできません。

新型コロナウイルスの広がりによって欧米諸国の経済状況が悪化し、2028年には中国がGDPの世界トップになるという予測もあります。中国がトップに立つ時期は2033年と考えられていましたが、その時期が早まるという予測が出てきたのです。その頃、**日本はインドに抜かれ、世界4位になる**と言われています。

そうなると、中国やインドに投資すべきと考えがちですが、そうとも言い切れません。現状では中国株やインド株に投資するETFなどには良いものがなく、効率的に投資するには個別株を選ばなければならないような状況だからです。銘柄選択の点でもハードルが高いですし、銘柄分散を図るためには相応の資金も必要です。

対して**米国株や全世界株には商品性が優れたETFがあり**、手軽に投資できます。

そうした、投資の環境面から考えても、やはり米国株集中でいいでしょう。

資産が大きくなるまでは集中投資を

資産分散の必要性は、資産の額によっても異なります。

基本的には、資産額が大きいほど、分散を心掛ける必要性が高くなります。なぜなら、運用する額が大きいほど、金額ベースで見た場合のリスク・リターンによる影響が大きいからです。

例えば1000万円投資して、10％上昇すると10万円、10％下落すると▼10万円です。これが1000万円になると、10％上昇で100万円、10％下落では▼100万円です。**1億円なら、10％の値動きで1000万円の影響が出ます**。これは、かなりインパクトが大きい金額です。ある程度資産があると、少しの値動きでもまとまった額が動くことになり、精神的にも、値動きを抑えることの重要性が増してくるのです。

10万円、100万円という額ならいい、とは言いません。しかし、資産が少ないうちは、より高い成長が期待できる投資先に資産を集中させるといった、ある程度濃淡のある投資をしないと、思うように増えないのも現実です。

私はそのような考えから、時には個別株に集中投資をしましたが、失敗すればダメージは大きいので真似してほしくはありません。米国株を幅広く買っていくETFは、特定の銘柄への集中投資ではなく、かなりの銘柄分散が図られています。全世界に分散させずにETFなどで米国株に集中投資するというのは、それほど極端なことでもないでしょう。

米国株と全世界株ではどちらがいいのか、どちらのリターンが優れているのか、というのは、あくまで濃淡の話、なのです。

迷うならば半々で投資する、というのでもいいでしょう。

しかし、米国集中の考えに固執するな

これまでの25年がそうだったように、私は、これからの10年、20年も米国株投資が全世界よりも優れていると思っています。しかし、そういった「予測」や「見方」に固執するのは良くありません。

将来は誰にも予想できません。そして、この不確実性が投資の妙味でもあります。投資においては、ルールで自縄自縛になることなく、投資環境の変化などに応じて自らの考えを修正していくことが重要です。そうすることがパフォーマンスの向上に繋がります。例えば、米国株でかつて時価総額世界1位だったエクソン・モービルは今は主役の座を降りています。**状況が変われば、私自身も違った投資に舵を切ります。**状況に応じ

て考える、変えていくということは、セミリタイアをするうえでも、資産運用においても重要なことです。

インデックス投資か、アクティブ投資か

米国株に投資する方法には、大きく分けて、「**インデックス投資**」と「**アクティブ投資**（**個別銘柄投資**）」があります。

インデックス投資とは特定の指数を丸ごと買うようなもので、Ｓ＆Ｐ５００に連動するＥＴＦや投資信託に投資すると、Ｓ＆Ｐ５００に含まれる５００銘柄に分散投資するのと同様の成果が得られます。銘柄選択の必要がなく、誰でも、簡単に、少額で、銘柄分散を図りながら投資できるのが魅力です。

前述のとおり、米国は経済成長が期待できる要素が揃っています。また株式市場は上場後もルールが厳しく、利益が出せない企業は退場させられます。そのため、米国の株式市場全体に幅広く分散投資すれば十分なリターンが得られると考えられます。

一方、個別銘柄への投資では銘柄を選択する必要があり、ある程度の知識、情報、株価をチェックする手間などが必要なほか、センスも求められます。個人で管理できるのは頑張っても10～20銘柄程度が限界ですから、ＥＴＦや投資信託より分散しにくいとも言えます。

プロが銘柄選択するアクティブファンドというタイプの投資信託もありますが、多くのアクティブファンドはインデックス投資に勝つのが難しいとされています。

とはいえ、個別銘柄を選ぶ楽しさもありますし、自身で調べたり、検討したり、仮説を立てたり、時には投資仲間と議論するというのも大きな意味があり、それはセミリタイアをするうえでもプラスになります。

ＥＴＦには特定のセクター（業種）に絞ったタイプもありますから、米国の株式市場全体に投資するインデックス投資をコアにして、興味が持てれば、サテライトとして高成長が期待できるセクターや個別銘柄を加えていくのもいいでしょう。

投資信託と国内外のETF、どれに投資する？

インデックス投資には、「投資信託」「国内上場ＥＴＦ」「海外上場ＥＴＦ」という3つの選択肢があります。

投資信託は運用を行う運用会社、販売する販売会社（証券会社や銀行など）、資産を管理する信託銀行の三者が関係しています。購入時には購入時手数料、保有している間は信託報酬や資産を売買するための実費、監査を受けるための費用などが差し引かれます。購入時手数料は投資信託や販売会社によって、信託報酬は投信によって異なるほか、解約時に信託財産留保額という費用が差し引かれる投信もあります。

投資家の資産は保全されており、運用会社や販売会社などが破綻した場合も資金が失われる心配はありません。

ＥＴＦも投資信託の一種で基本的な仕組みは投資信託と同じです。異なるのは、**ETFは株式市場に上場している**、という点です。国内上場ＥＴＦは日本国内の株式市場に上場しており、円で売買します。海外上場ＥＴＦは海外の株式市場に上場しており、米国の市場に上場しているＥＴＦはドルで売買します。普通の株式と同じようにリアルタイムで価格が変動し、その時々の価格で売買します。証券会社を通じて個別銘柄と同じように売買でき、指値注文も可能です。

米国株には優れたＥＴＦや投資信託があります。

以前は投資信託の方がＥＴＦより信託報酬が高く、年率３％程度というものもありました。しかし、**現在は投資信託でも０％台の水準まで下がっており**、コスト面ではＥＴＦに引けをとりません。コストはリターンに直接影響しますから、低コストで投資できるのは大きなメリットです。

投資信託は、**一部のネット証券では１００円程度から売買できます**。また毎月一定の額で指定した投資信託を積立購入できる金融機関も少なくありません。積立購入は、一度にまとまった額を投資するより、高値で多く買ってしまう失敗を避けやすく、リスクを抑えられる時間分散効果が得やすくなります。

投資信託の仕組み

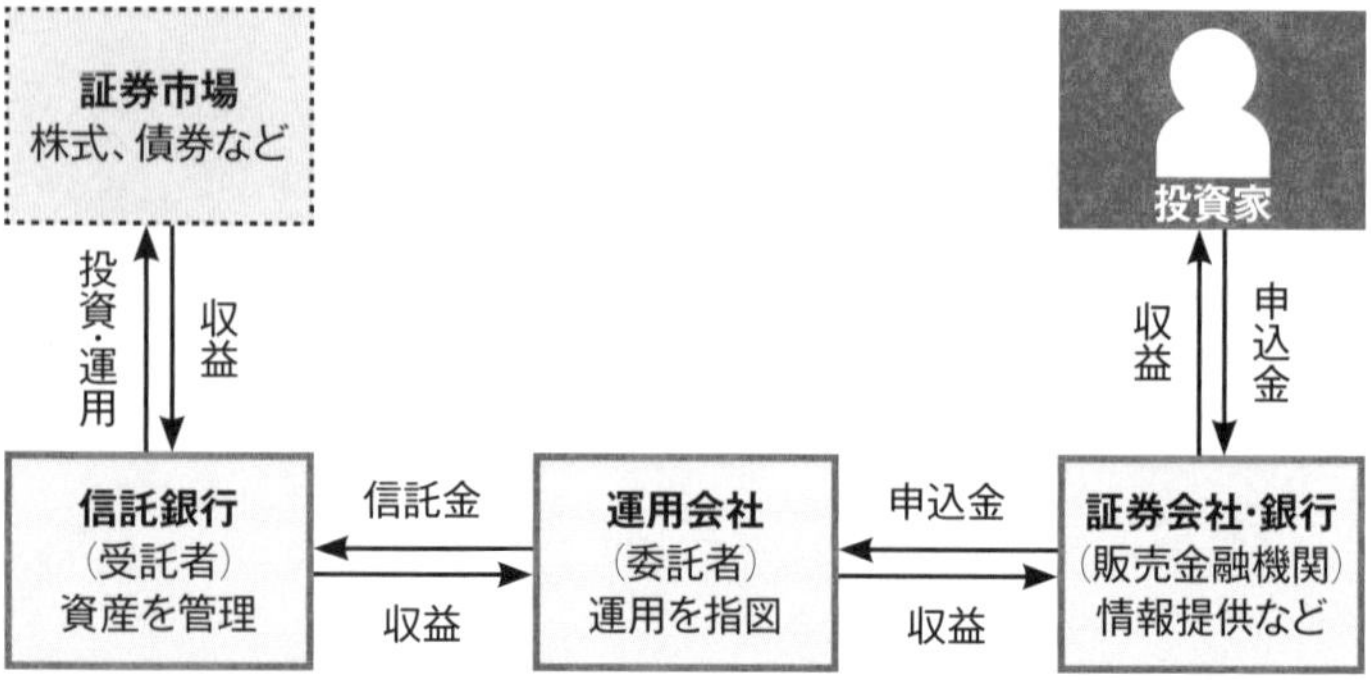

投資信託の主なコスト

購入時	購入時手数料	販売会社に支払う。購入額の0～3%程度で投信や販売会社によって異なる。
保有中	信託報酬	運用や資産を管理するための報酬。0.1～2%程度で投信によって異なる。
売却時	信託財産留保額	解約代金を用意するための費用。0～0.5%程度で投信によって異なる。

ETFと投資信託の違い

ETF		投資信託
ETFを扱う証券会社（欲しいETFを扱っている証券会社）	売買の注文先	証券会社や銀行（欲しい投信を扱っている金融機関）
市場でついた価格。リアルタイムで変動。指値注文も可能	売買価格	注文した日についた基準価額（1日1回、市場が閉まったあとに決定）
金融機関によって異なる	売買手数料	投信や金融機関によって異なる
信託報酬（管理手数料）。銘柄によって異なり、投信より低めが一般的	運用中のコスト	信託報酬。投信によって異なる。ETFより高いのが普通だが、かなり低い投信もある

積立投資には、年間40万円まで、最長20年間、非課税で投資できる「**つみたてNISA**」という制度もあります。通常、約20％かかる利益への課税が非課税になり、有利に運用できます。

つみたてNISAで積み立てられる商品は、金融庁が定めた投資信託やETFです。いずれも、低コストで長期投資に向くという基準で、投資信託が180本以上、ETFが数本選定されています（2021年5月現在）。

米国株では「**楽天・全米株式インデックス・ファンド**」や、「**eMAXIS Slim米国株式（S&P500）**」などが対象となっているほか、ETFでも「上場インデックスファンド米国株式（S&P500）」が積み立て可能です。

海外ETFや個別株は、為替手数料と配当課税に注意

海外ETFは国内のいくつかの証券会社を通じて売買できます。売買の際には円をドルに替える必要があり、為替手数料がかかります。

米国の株式市場に上場しているETFや個別銘柄に投資する際に念頭に置きたいのは、

配当金に対する税金です。

配当金には米国で10%の源泉徴収税、さらに日本でも約20%の配当課税がかかり、ダブルで税金が引かれます。そのため、米国株での配当金の手取りは、**【配当金×米国での課税0・9×日本での課税0・8=0・72】**ということになります。

配当金が100万円の場合、100万円×0・72で手取りは72万円、税率はおよそ28%です。日本の配当に対する税率は約20%なので、米国株では8%近く不利になります。

ただし、米国での課税分は、日本で確定申告をして「外国税額控除」を受ければ、一部を取り戻すことができます。ぜひ、確定申告をして控除を受けたいところです。

また、日本株で得た配当金は条件が合えば確定申告によって「配当控除」を受けることができますが、米国株の配当金については対象外です。

米国株市場全体をカバーする銘柄ならこれ

では、具体的な銘柄について見ていきましょう。

米国株市場を反映する代表的なＥＴＦの銘柄は複数ありますが、私が自身の投資において選択し、今も変わらず支持しているのは、「**ＶＴＩ**」（**ヴァンガード・トータル・ストック・マーケット**）です。「ＶＴＩ」は米国市場に上場する銘柄の99％以上にあたる約４０００銘柄で構成されたドル建てのＥＴＦです。成熟した大企業の株から、成長が期待される小型株まで含まれ、米国市場をほぼ網羅しています。

もちろん、巨大ＩＴ企業群のＧＡＦＡＭも含まれますし、話題のテスラも含まれます。リターンは２０１０年からの10年間で約４倍になっています。

私は米国の個別株にも投資していたのでストレスに感じませんでしたが、配当課税のこともあり、円建ての投資を好むならば、「**楽天・全米株式インデックス・ファンド**」（**楽天投信**）という投資信託もおすすめです。

インデックス投資では、指数と投資信託（あるいはＥＴＦ）の値動きが連動することが重要ですが、楽天・全米株式インデックス・ファンドは若干の乖離があるので、注視していきたいところです。つみたてＮＩＳＡの対象となっていますので、運用益非課税で積み立てていくことができます。

《投資信託》

楽天・全米株式インデックス・ファンド（楽天投信）

・購入時手数料／ゼロ

・運用管理費用（信託報酬）／実質０・１６２％程度

・低コストで、手軽に投資できるのが魅力。つみたてＮＩＳＡの対象。

《海外ＥＴＦ》

バンガード・トータル・ストック・マーケットＥＴＦ（バンガード）

・ティッカー／ＶＴＩ／経費率０・03％

・低コストが魅力。

大型株で構成されたＳ＆Ｐ５００系銘柄ならこれ

「Ｓ＆Ｐ５００」は、スタンダード＆プアーズ社が算出する、米国を代表する大型株５

VTIの組み入れ銘柄とリターン

保有上位10銘柄
2021年4月30日現在

純資産総額に占める
上位10銘柄の割合
22.9%

順位	保有銘柄
1	Apple Inc.
2	Microsoft Corp.
3	Amazon.com Inc.
4	Alphabet Inc.
5	Facebook Inc.
6	Tesla Inc.
7	Berkshire Hathaway Inc.
8	JPMorgan Chase&Co.
9	Johnson & Johnson
10	Visa Inc.

VTIに1万ドルを投資したと仮定した場合の推移（2021年4月30日現在）

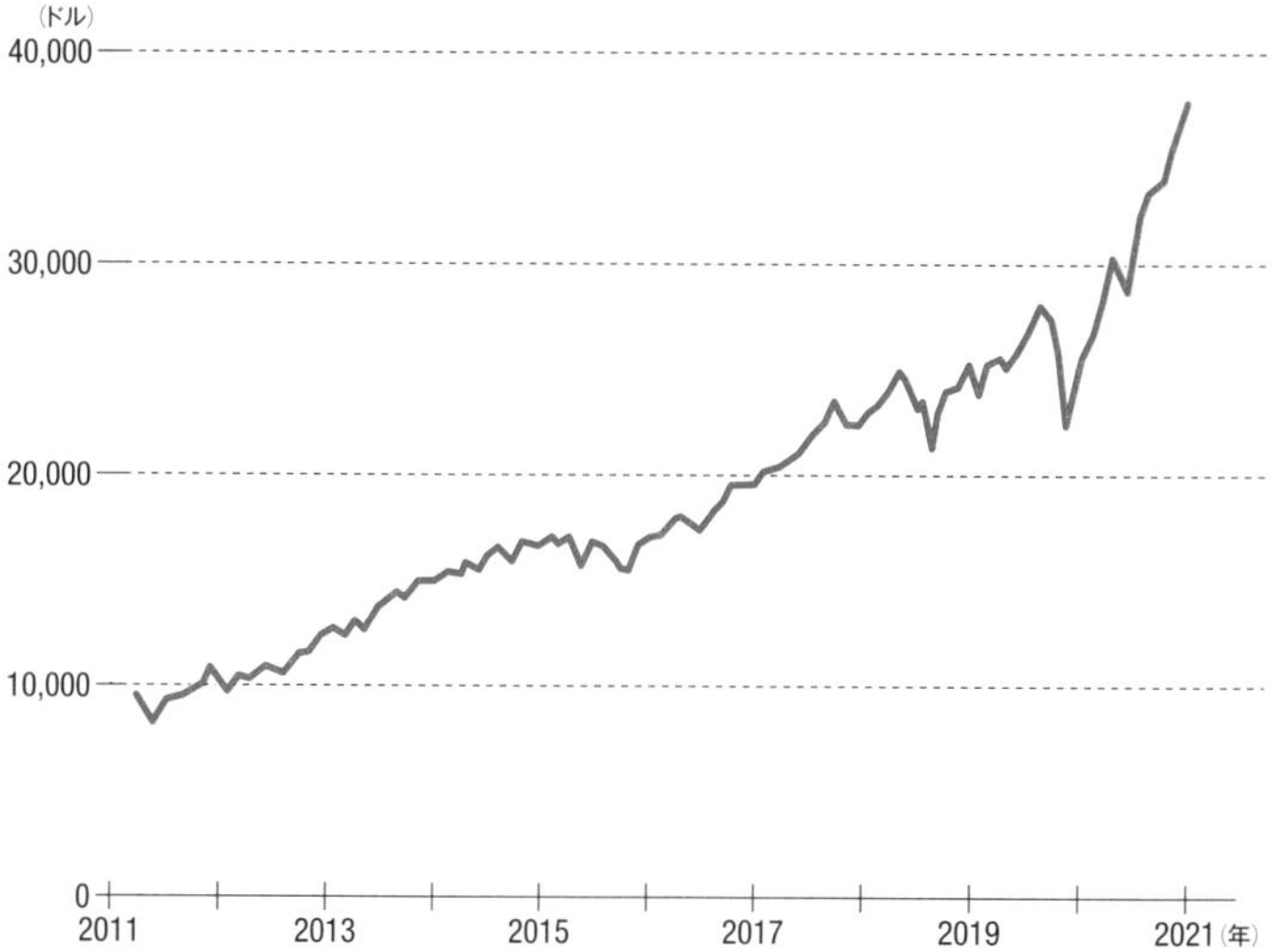

（出所）Vangurd

00社の指数です。

S&P500に連動するETFと、先にご紹介した上場株の99%の値動きに連動する「VTI」は比較的、近い値動きをしており、2021年までの10年のリターンは3・5倍となっています。

米国の株式市場全体にも投資したいのであれば「VTI」、代表的な500銘柄だけがよければS&P500、という選び方でいいと思います。

S&P500に連動する投資信託やETFは複数あります。

投資信託で有力な候補となるのは、「eMAXIS Slim 米国株式（S&P500）」で、低コストの投資ができます。つみたてNISAの対象にもなっています。

国内ETFにも「iシェアーズ S&P500 米国株 ETF」「SPDR S&P500 ETF」があります。

海外ETFにも、「iシェアーズ・コア S&P500 ETF」や、「バンガード・S&P500 ETF」などがありますが、円建てで投資できる国内ETFでいいでしょう。

《投資信託》

eMAXIS Slim 米国株式（S&P500）（三菱UFJ国際投信）

・購入時手数料／ゼロ

・運用管理費用（信託報酬）／0・0968％以内

・つみたてNISAの対象。

SBI・バンガード・S&P500インデックス・ファンド（SBIアセットマネジメント）

・購入時手数料／ゼロ

・運用管理費用（信託報酬）／0・0938％程度

・投資信託の中で最も信託報酬が安く、極めて低コスト。

《国内ETF》

MAXIS米国株式（S&P500）上場投信（三菱UFJ国際投信）

・銘柄コード2558／運用管理費用（信託報酬）0・0858％以内

・低コストが魅力。

NEXT FUNDS S&P500指数(為替ヘッジなし)連動型上場投信(野村アセット)
・銘柄コード2633／運用管理費用（信託報酬）0・099％以内（2022年3月末まで0・077％以内）
・低コストが魅力。

SPDR S&P500 ETF（ステート・ストリート）
・銘柄コード1557／経費率0・10395％
・世界最大のETFである「SPY」(米国上場の海外ETF)の国内ETFバージョン。
・外国籍なので、米国での課税分の一部を取り戻すには「外国税額控除」を受けるための確定申告が必要。

iシェアーズ S&P500 米国株 ETF（ブラックロック）
・銘柄コード1655／運用管理費用（信託報酬）0・0825％程度
・数千円から投資できるのが魅力。

《海外ETF》

iシェアーズ・コア S&P500 ETF（ブラックロック）

・ティッカー／IVV／経費率0・03％

・低コストが魅力。世界で最も大きな運用会社であるブラックロックの看板商品。

バンガード S&P500 ETF（バンガード）

・ティッカー／VOO／経費率0・03％

・バンガードの理念を反映させた、VTIに並ぶ低コストETF。

米国株すべてが成長しているわけではない

国によって経済成長に濃淡があるように、米国内でも、セクター（業種）によって成長性が全く異なり、濃淡があります。

2016年大統領選後のセクター別リターン（119ページのグラフ参照）を見ても明らかで、全体平均が67％の中、最も強いテック株は160％、次いでヘルスケアが10

VOOの組み入れ銘柄とリターン

保有上位10銘柄
2021年4月30日現在

純資産総額に占める
上位10銘柄の割合
28.0%

順位	保有銘柄
1	Apple Inc.
2	Microsoft Corp.
3	Amazon.com Inc.
4	Alphabet Inc.
5	Facebook Inc.
6	Tesla Inc.
7	Berkshire Hathaway Inc.
8	JPMorgan Chase&Co.
9	Johnson & Johnson
10	Visa Inc.

VOOに1万ドルを投資したと仮定した場合の推移（2021年4月30日現在）

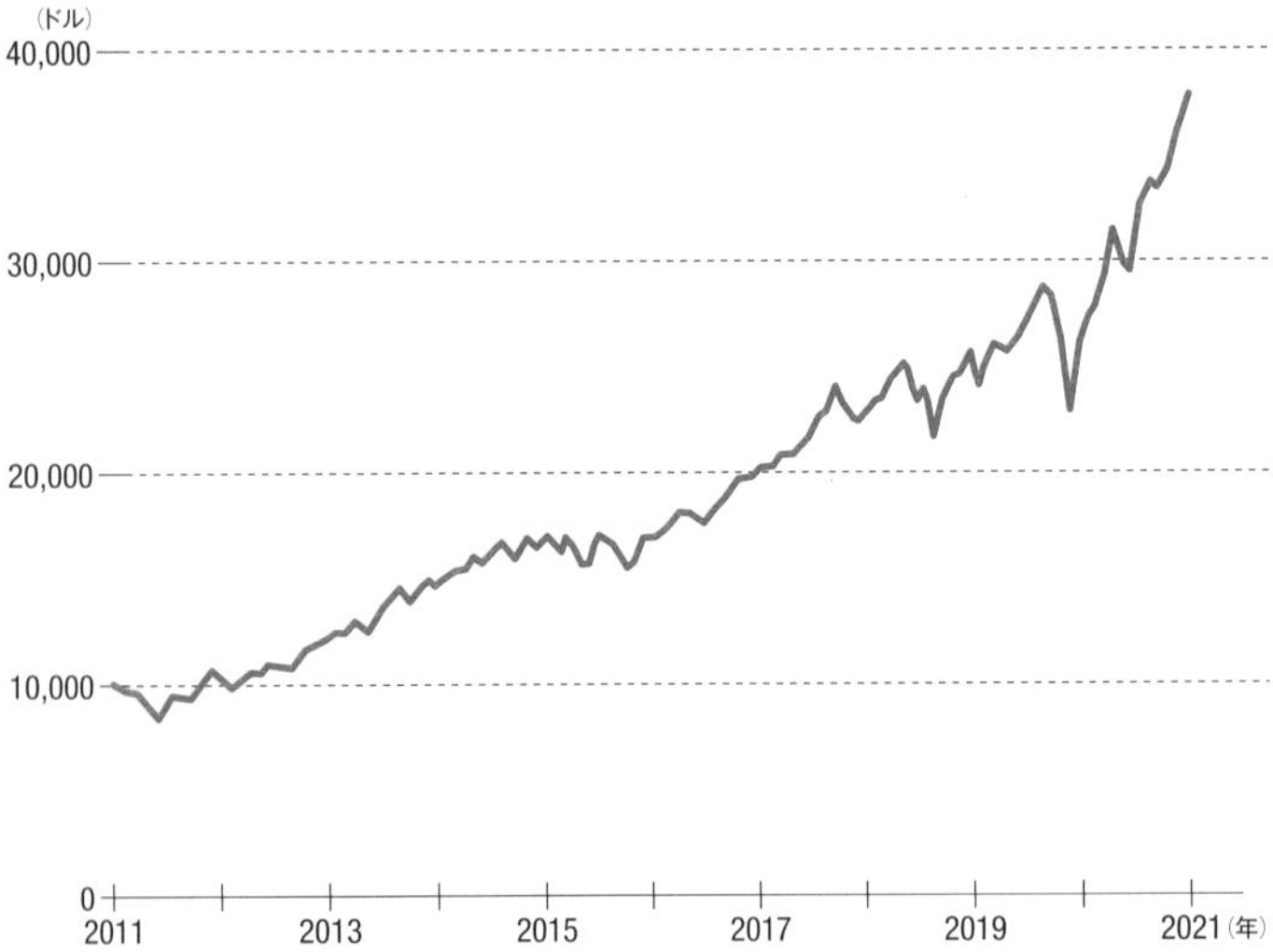

（出所）Vangurd

2016年、前回大統領選以後のセクター別リターン

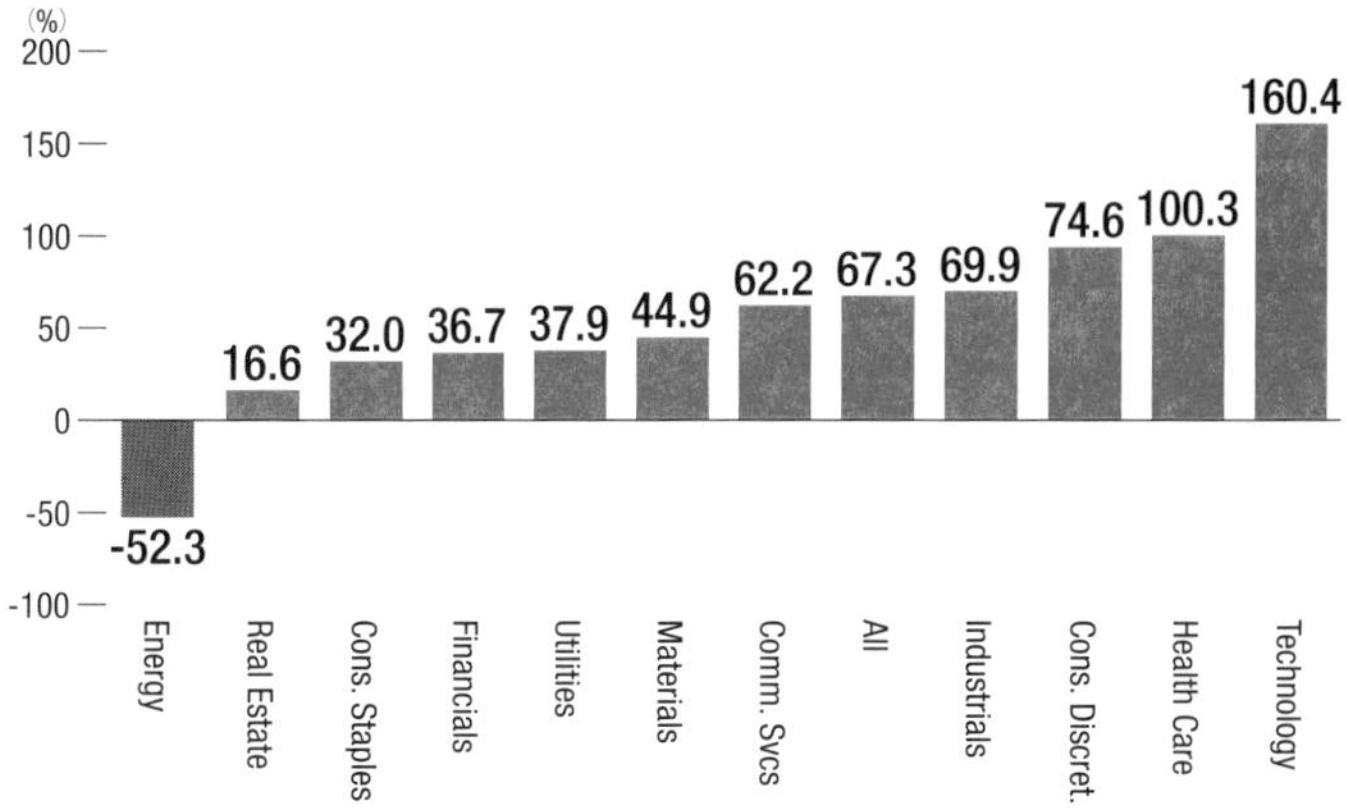

（出所）BESPOKE

０％となっており、両セクターの強さが鮮明に見て取れます。

唯一、マイナスとなっているのは、エネルギーです。ＥＳＧの流れとシェール革命以来、エネルギーへの関連投資は完全に冷え込んでおり、原油価格は上がりにくくなっています。人口増、中産階級増で上がると見られていた原油価格は２０１４年に１バレル１００ドルを超えたものの、シェールガスや低カーボンで状況が変化しています。

米国株の指数には、株式市場全体の株価を反映する指数、銘柄数を絞った指数、セクター（業種）を絞った指数などがありますから、Ｓ＆Ｐ５００などで市場全体に投資するのをコアとしながら、サテライトとして、それらに投資するのも効果的です。

サテライトにはナスダック100系を加える

NASDAQ（ナスダック）とは米国の新興企業向けの株式市場で、金融銘柄を除く時価総額上位100銘柄を指数化したのが、ナスダック100指数です。GAFAMが40％を占めているほか、テスラ、エヌビディアなどを含みます。

2010年以降でおおよそ7倍のリターンを出しており、S&P500などと比べても、かなりの高水準です。ただし、銘柄を100銘柄に絞っていることもあってボラティリティが大きく、これをメインにするのは心理的に落ち着かない人もいるでしょう。S&P500などのコアに加える、**サテライトの存在として候補にするのがよい**でしょう。

ナスダック100指数に投資するにも、投資信託、国内ETFがあります。

《投資信託》

iFreeNEXT　NASDAQ100インデックス（大和アセット）

・購入手数料／ゼロ
・運用管理費用（信託報酬）０・４９５％
・比較的低コスト。手軽に投資できる。

《国内ETF》

上場インデックスファンド米国株式（NASDAQ100）為替ヘッジなし（日興アセット）

・銘柄コード／２５６８／運用管理費用（信託報酬）０・２７５％
・低コストが魅力。

MAXISナスダック100上場投信（三菱UFJ国際投信）

・銘柄コード／２６３１／運用管理費用（信託報酬）０・22％以内
・低コストが魅力。

《海外ETF》

インベスコQQQ 信託シリーズ1 NASDAQ（インベスコ）

・ティッカー／QQQ／経費率０・２％

QQQの組み入れ上位銘柄と割合（2021年5月18日現在）

投資信託組入れ上位銘柄

名　称	ファンドの割合（%）
Apple Inc.	11.13
Microsoft Corp.	9.71
Amazon.com Inc.	8.65
Alphabet Inc.	3.99
Facebook Inc.	3.99
Alphabet Inc.	3.62
Tesla Inc.	3.60
NVIDA Corp.	2.81
PayPal Holdings Inc.	2.29
Comcast Corp.	2.03

（出所）Bioomberg

QQQの価格推移（2011年～2011年）

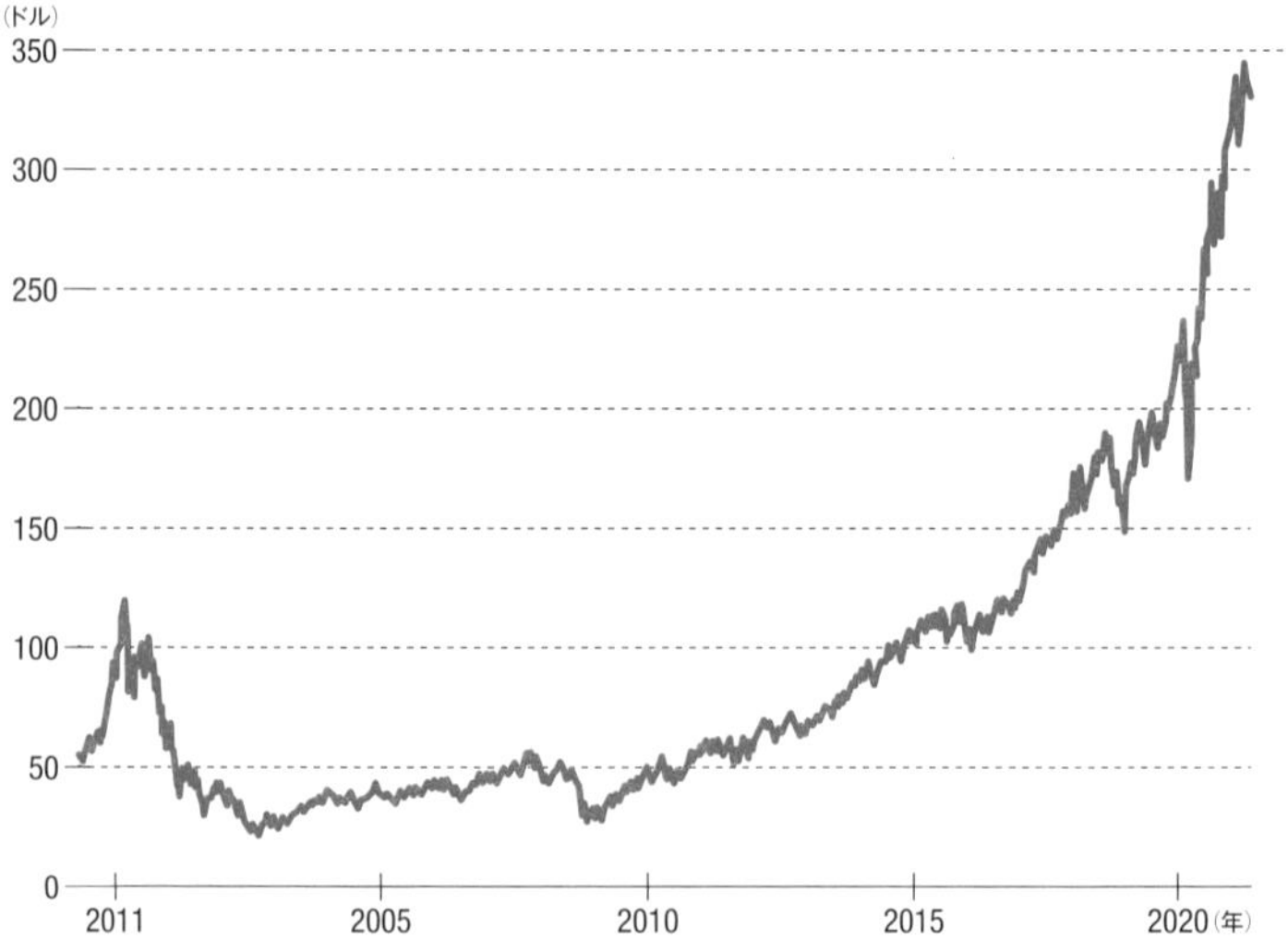

（出所）Google Finance

・米国での課税分の一部を取り戻すには、確定申告をして「外国税額控除」を受ける。

成長性の高いセクターを選ぶ

海外ETFには、さまざまなセクターに特化したETFがあります。

近年、とくにリターンが大きいのは、情報技術セクターETFの「**VGT**」です。アップルやマイクロソフトが筆頭銘柄で、アマゾンやグーグル、フェイスブックは含まれません。2010年からの10年で6・3倍のリターンです。

「**VHT**」はヘルスケアのセクターETFです。ヘルスケアは高齢化、総中流社会の恩恵を受ける守りのセクターとして注目されます。研究開発費が重く、それを回収する以上の利益を生む新薬が開発できるかどうかが鍵です。個別銘柄に投資するより、セクター全体に投資する方がリスクが分散されます。**10年で4・4倍のリターン**ですから、かなりの高水準です。

守りのセクターとしては、生活必需品も同様です。P&Gなどの銘柄を含み、2015年頃までは最もリターンの高いセクターでした。「**VDC**」は10年で3倍のリターンです。

「**VCR**」は、一般消費財・サービスのセクターETFです。もともとはホームデポやスターバックスなどの、小売のイメージが強かったのですが、テスラ、アマゾンなどがフェーズを変えた印象です。10年で5倍となっており、S&P500を上回っています。

《海外ETF》

バンガード・米国情報技術セクターETF（バンガード）

・ティッカー／VGT／経費率0・1％

・テクノロジー・ソフトウェア、サービス、テクノロジー・ハードウェア、半導体および半導体製造機器の4つの分野の企業が含まれる。

バンガード・米国ヘルスケア・セクターETF（バンガード）

・ティッカー／VHT／経費率0・1％

・ヘルスケア機器およびヘルスケア用品製造企業、ヘルスケア関連サービス企業、医薬品およびバイオテクノロジー製品の研究・開発・製造・マーケティングなどの企業が含まれる。

バンガード・米国生活必需品セクターETF（バンガード）

・ティッカー／VDC／経費率0・1％
・食品・飲料・たばこの製造業者・流通業者、非耐久家庭用品・パーソナル用品の製造業者などの企業が含まれる。

バンガード・米国一般消費財・サービス・セクターETF（バンガード）

・ティッカー／VCR／経費率0・1％
・自動車、アパレル、レジャー用品、ホテル、レストラン、消費者向け小売業など、製造業およびサービス業の企業が含まれる。

情報技術セクターETF【VGT】

保有上位10銘柄
2021年4月30日現在

純資産総額に占める
上位10銘柄の割合
57.1%

順位	保有銘柄
1	Apple Inc.
2	Microsoft Corp.
3	NVIDA Corp.
4	Visa Inc.
5	Mastercard Inc.
6	PayPal Holdings Inc.
7	Adobe Inc.
8	Intel Corp.
9	Cisco Systems Inc.
10	salesforce.com Inc.

VGTに1万ドルを投資したと仮定した場合の推移（2021年4月30日現在）

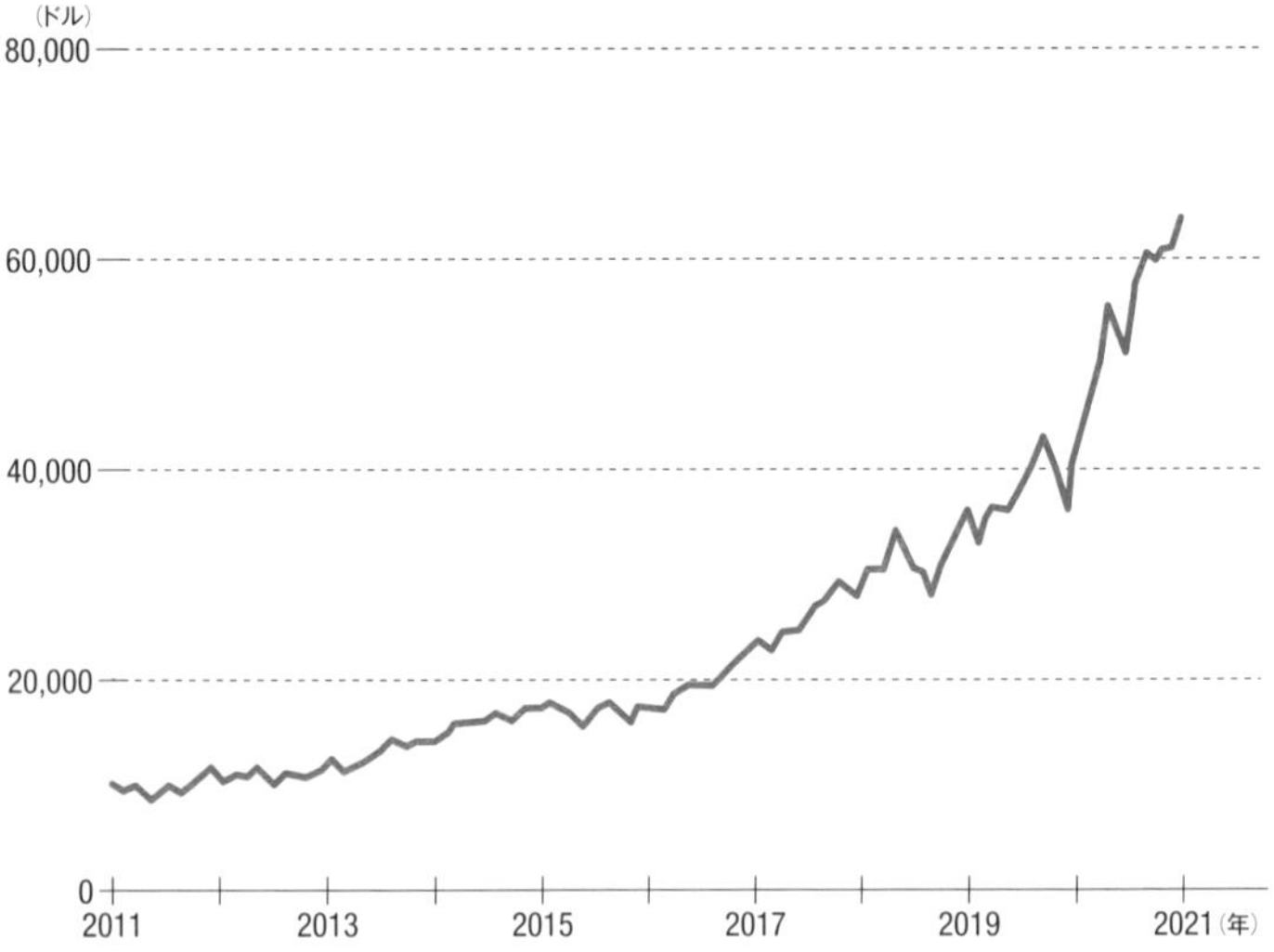

（出所）Vangurd

ヘルスケアセクターETF【VHT】

保有上位10銘柄
2021年4月30日現在

純資産総額に占める
上位10銘柄の割合
40.9%

順位	保有銘柄
1	Johnson & Johnson
2	UnitedHealth Group Inc.
3	Pfizer Inc.
4	Abbott Laboratories
5	AbbVie Inc.
6	Merck & Co Inc.
7	Thermo Fisher Scientific Inc.
8	Medtronic plc
9	Danaher Corp.
10	Eli Lilly & Co.

VHTに1万ドルを投資したと仮定した場合の推移（2021年4月30日現在）

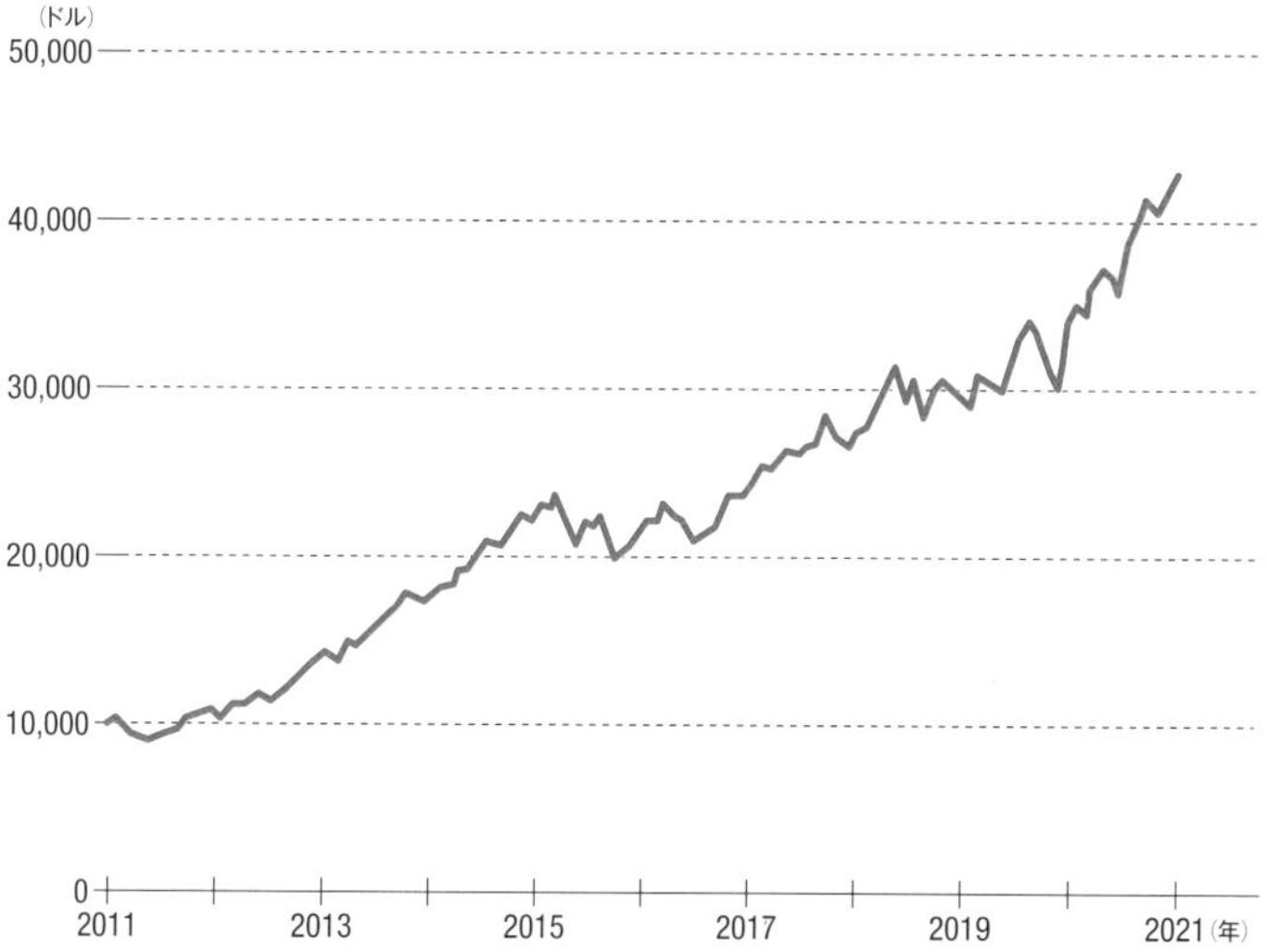

（出所）Vangurd

生活必需品セクターETF【VDC】

保有上位10銘柄
2021年4月30日現在

純資産総額に占める
上位10銘柄の割合
62.4%

順位	保有銘柄
1	Procter & Gamble Co.
2	Coca-Cola Co.
3	Walmart Inc.
4	PepsiCo Inc.
5	Costco Wholesale Corp.
6	Philip Morris International Inc.
7	Mondelez International Inc.
8	Altria Group Inc.
9	Estee Lauder Cos. Inc.
10	Colgate-Palmolive Co.

VDCに1万ドルを投資したと仮定した場合の推移（2021年4月30日現在）

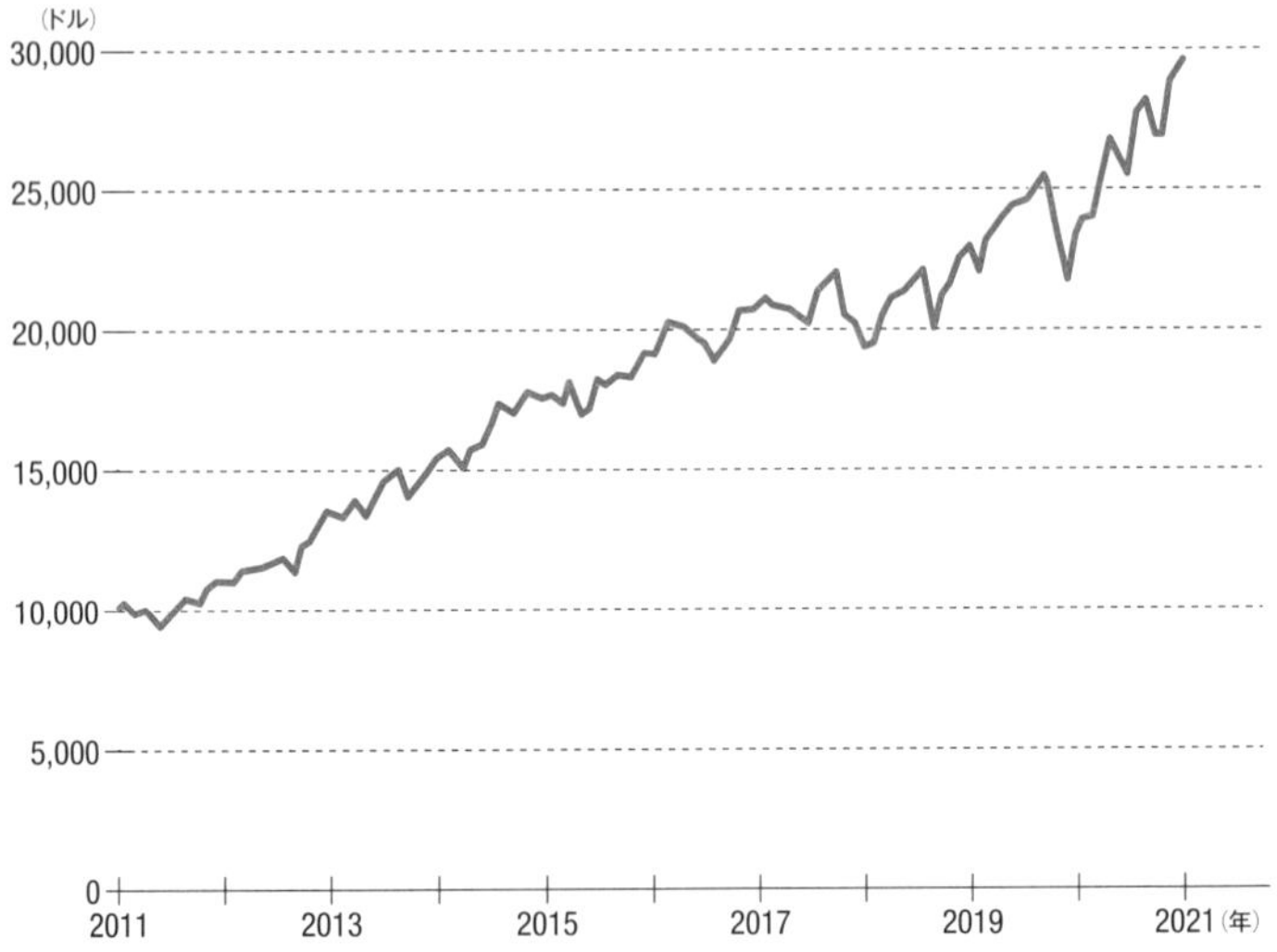

（出所）Vangurd

一般消費財・サービスセクターETF【VCR】

保有上位10銘柄
2021年4月30日現在

純資産総額に占める
上位10銘柄の割合
55.5%

順位	保有銘柄
1	Amazon.com Inc.
2	Tesla Inc.
3	Home Depot Inc.
4	McDonald's Corp.
5	NIKE Inc.
6	Lowe's Cos. Inc.
7	Starbucks Corp.
8	Target Corp.
9	Booking Holdings Inc.
10	TJX Cos. Inc.

VCRに1万ドルを投資したと仮定した場合の推移（2021年4月30日現在）

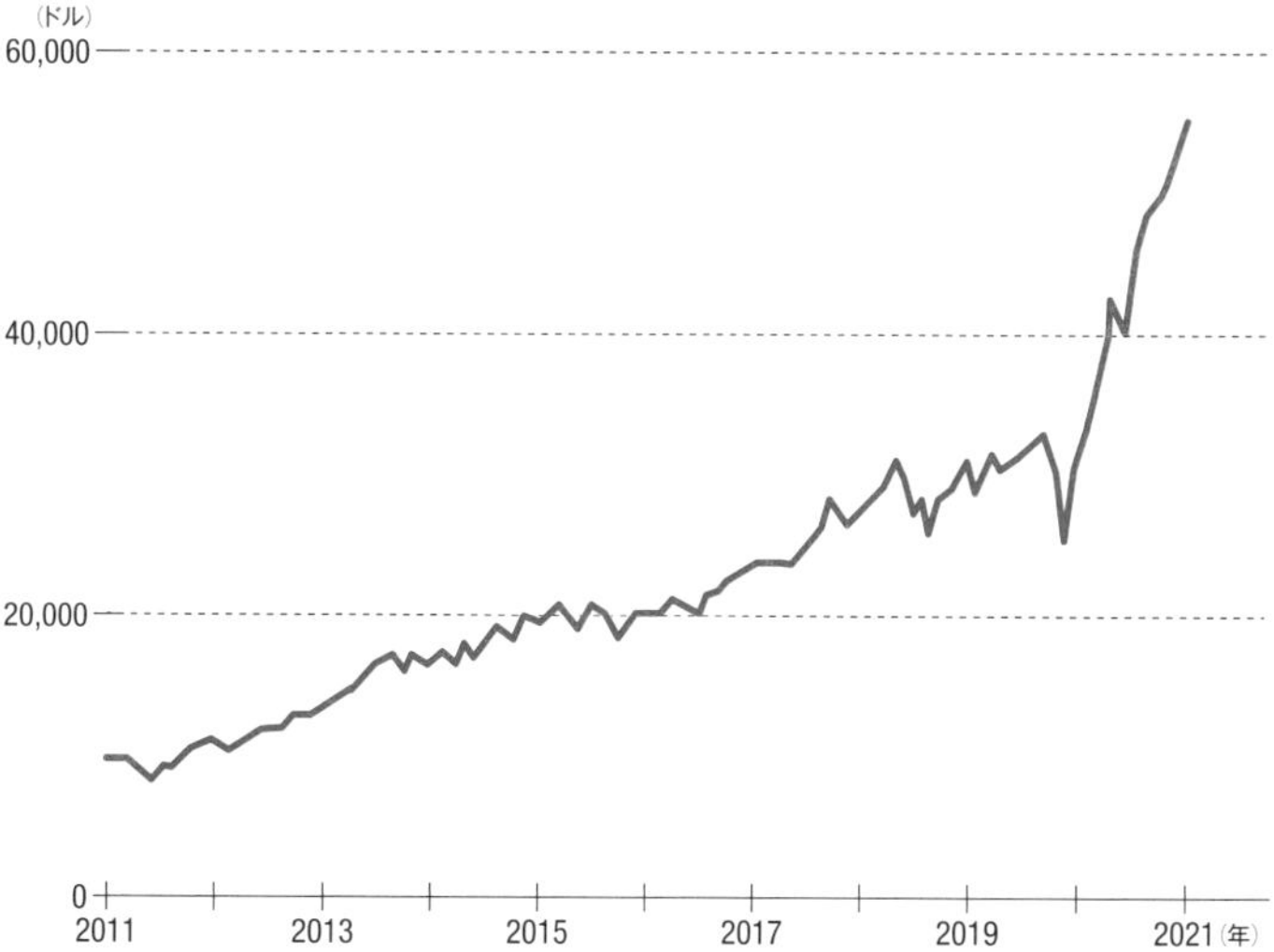

（出所）Vangurd

成長性の高い個別銘柄を加えるのも面白い

米国には世界的な優良企業も多いため、個別銘柄に投資したいと思う人も少なくありません。

インデックス投資で満足せず、企業の情報を自分で確認してより高いリターンを追求するには、ある程度の時間や手間がかかります。ですから、楽ちんなインデックス投資と合わせるのを基本として、個別銘柄への投資を検討するといいでしょう。

２０１６年以降のリターンを銘柄別に見ると、**上昇率が高い上位銘柄のほとんどをテクノロジーとヘルスケアが占めています**。ＧＡＦＡＭ、クラウド、サブスクリプションなどがテーマとなっています。

一方、最も下げた銘柄群には、エネルギー関連が並んでいるほか、航空機のエンジンを供給するＧＥや、アメリカン・エアラインといった大手企業が入っています。商品市況に左右される銘柄や設備投資など固定費が多い企業、航空業など競争が激しい業界は、株価上昇という意味ではぜい弱な一面があることがわかります。

2016年大統領選以後、よく上げたS&P 500銘柄

Stock	Company	Sector	Current	2011/8/16	%Chg
ETSY	Etsy Inc.	Cons.Discret.	144.37	11.52	1153.21
AMD	Advanced Micro Devices	Technology	83.49	7.00	1092.71
PAYC	Paycom Software	Technology	364.70	45.68	698.38
NVDA	NVIDIA Corp.	Technology	546.70	71.16	668.27
DXCM	DexCom Inc.	Health Care	389.89	62.64	522.43
NOW	ServiceNow	Technology	506.14	85.50	491.98
PYPL	PayPal	Technology	195.64	41.58	370.50
ADBE	Adobe Inc.	Technology	495.23	108.39	356.90
CPRT	Copart Inc.	Industrials	115.54	26.25	340.24
CDNS	Cadence Design	Technology	111.62	25.46	338.41
ZBRA	Zebra Tech	Technology	282.63	64.81	336.09
NFLX	Netflix Inc.	Comm.Svcs	538.60	124.34	333.17
MSCI	MSCI Inc.	Financials	350.50	81.08	332.29
AAPL	Apple Inc.	Technology	115.82	27.76	317.14
AMZN	Amazon.com	Cons.Discret.	3230.86	787.75	310.14

2016年大統領選以後、最も下げたS&P 500銘柄群

Stock	Company	Sector	Current	2011/8/16	%Chg
OXY	Occidental Petroleum	Energy	10.98	66.89	-83.58
APA	Apache Corp.	Energy	9.77	56.93	-82.85
SLB	Schlumberger	Energy	16.17	79.84	-79.75
FTI	TechnipFMC	Energy	7.10	32.93	-78.44
BKR	Baker Hughes	Energy	13.17	58.86	-77.62
NBL	Noble Energy	Energy	8.46	37.42	-77.39
GE	General Electric	Industrials	6.72	28.28	-76.26
DVN	Devon Energy	Energy	10.07	41.98	-76.01
HAL	Halliburton	Energy	12.59	47.12	-73.28
NOV	National Oilwell Varco	Energy	9.08	31.91	-71.56
MRO	Marathon Oil Corp.	Energy	4.23	14.25	-70.32
AAL	American Airlines	Industrials	13.00	41.70	-68.84

（出所）BESPOKE

ほかに製造業も大苦戦中です。
昨今の産業構造の大きな変化は、第4次産業革命と言われています。

個別銘柄の情報はIRや証券会社の情報を見る

個別銘柄の業績などは企業のＩＲ（投資家向け情報）や財務データを確認する必要があります。ＩＲは企業のホームページ上で英語で表示されますが、使われる用語はある程度決まっており、慣れれば簡単にチェックできます。情報をすべて読む必要はなく、個人投資家向けにプレゼン資料のような形でまとめられたスライドなどを読むことから始め、徐々に慣れ親しんでいくといいでしょう。

証券会社によっては個別銘柄についての日本語の情報を読むことができますので、そうした情報も参考になります。

個別銘柄はビジネスモデルで決める

個別株を見る際に最も重要なのは、企業のビジネスモデルです。

現在はインターネットを中心とした産業革命のまっただ中であり、それに関連する銘柄は強いということになります。**GAFAMはそのど真ん中**です。

また、「持続可能なビジネスモデル」かどうかも重要です。

例えば中小の自動車メーカーなど、世界中に数多く存在しているビジネスモデルでは利益率は上昇しにくいと言えます。その一方、唯一無二のビジネスモデルの企業は強いと言えます。ただし、参入障壁が高い事業を行っている企業は成長性や持続性への期待も高く、株価が割高になっていることもあります。

そのほかにも、次の3つの指標を重点的にチェックすると良いでしょう。

まずは「**売り上げ**」です。

売り上げがきちんと伸びているかを確認しましょう。成長性ではなく配当目的の投資であっても、少なくとも横ばいであることが重要です。

次に大事なのが、「**営業利益率**」です。

営業利益率とは、一定期間における売上高に占める営業利益（売上総利益から販売費および管理費を引いた額）の割合です。販売費や管理費がどの程度、収益力に影響したかを示します。

営業利益率は、企業本来の実力を測る指標と言えます。いかに効率的に売上高から営業利益を生んでいるかを表し、営業利益率が高いほど、本業で利益を稼ぐ力があるということです。営業利益率20％前後であれば優良企業、40％を超えていればかなり優良な水準と言えます。ただしセクターによっても水準が異なりますので、同じセクターの中で比較することが大切です。

3つ目は「**営業キャッシュフロー**」が伸びているかどうかです。営業キャッシュフローとは、本業による収入と支出の差額で、本業の利益、つまり、本業で稼げているかどうかを示す指標です。土地売買で儲かったなどでなく、本業がきちんと伸びているかが重要ですから、これもしっかりチェックします。

そのほかにも、135ページの表にある指標をチェックしたいところです。

個別銘柄を選ぶ際のポイント

- ☑ 売り上げは減っていないか
- ☑ 売上利益率（業態によるが40%以上）は低すぎないか
- ☑ 営業利益率（業態によるが20%以上）は低すぎないか
- ☑ 配当性向（50%以下）は高すぎないか
- ☑ 自社株買い（基準は10年で1割）をしているか
- ☑ EPSは下がっていないか
- ☑ 営業CF、フリーCFが下がっていないか。
- ☑ 配当目当てならば、緩やかながらも増配しているか
- ☑ 持続可能なビジネスモデルか
- ☑ ROEは低すぎないか
- ☑ PERは何倍か、セクター内や、他業種、国別で比較してみる
- ☑ PSRは同業他社と較べて高過ぎないか

用語解説	
売上利益率	売上高から売上原価を差し引いた「総利益」が、売上高の中でどれくらいの割合を占めるか
営業利益率	一定期間における売上高と営業利益（売上総利益から販売費および一般管理費を引いた額）との割合。収益力に対して販売や管理費や一般管理費がどの程度影響したかを示す。
配当性向	当期純利益（EPS）に占める配当金支払額の割合。
自社株買い	自社の株式を取得すること。
EPS	1株あたりの純利益。年間税引き利益を発行済み株式数で割る。
営業CF	本業による収入と支出の差額。
フリーCF	営業CFから必要な投資などを引き、手元に残るキャッシュのこと。
ROE	自己資本利益率。収益性の指標で10%以上が優良企業。一般に高い方が投資価値があると判断される。
PER	株価収益率。株価が1株当たり当期純利益の何倍かを見る指標。他社と比較して高ければ割高、低ければ割安と判断する。
PSR	株価売上倍率。時価総額を年間売上で割って算出。新興企業同士の株価水準を判断する場合に使用する場合が多い。PSRが低いほど、株価が割安と判断する。

個別銘柄は長期保有スタンスがいい

個別銘柄は長期保有のスタンスで、長く持っていられる銘柄を選ぶのがいいです。投資は、保有期間が短くなるほど難しく、長くなるほどシンプルです。今日明日で上がる銘柄を当てるのは難しく、**5年、10年など、いい銘柄を長く持つ**のが、シンプルで誰にでもできる投資法と言えます。長期で利益を生み出すことができる企業であれば株価も上昇しやすいので、ビジネスモデルをしっかり見ることが大切です。株価を見るよりもビジネスモデルを見ていく、というイメージが大切です。

とはいえ、環境の変化によって潮目が変わったり、ビジネスモデルが有効でなくなることもありますから、その辺りはしっかり確認し、場合によっては売却して利益を確定することも必要です。しかし、基本的には10年、20年持つつもりで買って、じっくり保有するスタンスが望ましいと思います。

よく質問される個別銘柄を紹介します

米国株で注目されることの多い銘柄について解説します。

●アマゾン・ドット・コム【AMZN】

カリスマ創業者のジェフ・ベゾス氏がCEOを退任し、アマゾンウェブサービスのアンディ・ジャシー氏がCEO就任。営業利益率は4～5%程度と低めですが、現在は小売よりクラウドの伸びが魅力です。6年で2倍超の売り上げを見込んでいます。

●アルファベット【GOOGL】【GOOG】

2015年にグーグルおよびグループ企業の持ち株会社として設立された企業です。グーグルはアルファベットの子会社ということになります。経営陣は引き継がれており、ラボ的な社内起業、効率的な広告、コンテンツ力が魅力です。6年で2・5倍の売り上げ増を見込み、利益率も比較的安定しています。

●マイクロソフト【MSFT】

サブスクリプションとクラウドがポイント。ビジネスソフトのOfficeなどをすべてオンラインライセンスにして、毎年決済の仕組みにしました。違法コピーのCDなどが一掃され、利益率が上昇、安定しています。

●インテュイット【INTU】

会計ソフトの最大手で、世界中に21もの拠点を持っています。中小企業や自営業者向けの会計・給与計算ソフト、確定申告ソフト、個人向け資産管理ソフトなどのアプリケーション開発、販売に強みを持ちます。6年で2倍の売り上げ増で、比較的安定した利益率です。

●エム・エス・シー・アイ【MSCI】

インデックス投資に必要な指数を算出する会社で、MSCIコクサイ・インデックスなどの有名な指数を作り、その使用料を得ています。派手さはありませんが、インデックス投資の恩恵に浴する企業の一つで、粗利益率が8割、営業利益率が4～6割など、圧倒的な利益率を誇ります。専門性の高さが強みです。

●セールスフォース・ドットコム【CRM】

世界を席巻する営業支援ソフトが強み。長い間、割安に放置されていましたが、ようやく株価が上昇してきました。売り上げは6年で倍近くになり、営業利益率も改善されつつあります。

●サービスナウ【NOW】

企業向けサービスマネジメントクラウドのSaaSプロバイダとして知られます。10年で売り上げが80倍になっており、先行者利益を獲得しています。企業内の定型業務の簡素化、自動化が主なビジネス。コロナで強みを発揮している企業の一つ。利益の出る体質、経済的な堀が築かれてきました。6年で3倍近い売り上げ増で営業利益も改善され、20%を超えています。

●ワークデイ【WDAY】

クラウドベースの人材管理と財務管理のSaaS大手。更新率は95%を超えます。

●ヴィーバ・システムズ　クラスA【VEEV】

40％という圧倒的な営業利益率。製薬業界ナンバーワンのクラウド営業支援。6年で約3倍の売り上げ増を示しています。

＊　＊　＊

次に挙げる4銘柄はビジネスモデルなどが魅力的ですが、値動きが大きい傾向にあります。注目が大きいと、過熱感が伴うこともあるので注意が必要です。

●データドッグ【DDOG】

4年で4倍の売り上げ増と、業績も改善中です。開発者、IT運用チーム向けの監視および分析プラットフォーム。営業利益は低めです。

●VMウエア【VMW】

4年で2倍の売り上げ増。SaaS関連は前年比40％超。ITの仮想化市場で世界一のシェア。設立は１９９８年と古く、近年、業態を変えて成功した企業の一つです。

●オクタ【OKTA】

前年比40%超えの売り上げ成長。改善されつつある営業利益率が注目されますが、黒字化までには時間がかかりそうです。従業員ＩＤ管理をベースとしたセキュリティサービスで、競争は激しい。

●スノーフレーク【SNOW】

クラウドデータウェアハウスを提供する企業。ウォーレン・バフェット氏が買ったことで上昇し、注目されます。４年で売り上げ7倍ですが、黒字化はまだ先です。

ウィズコロナ、アフターコロナの米国株はどうなる?

２０２０年は新型コロナウイルスで世界中が混乱した年で、実体経済も悪化しました。不況は本来デフレを招き、株安になりますが、各国が金融緩和に動いたことでインフレが維持され、株価が高い水準にあります。

新型コロナショックは最も深く、最も早く回復したリセッション

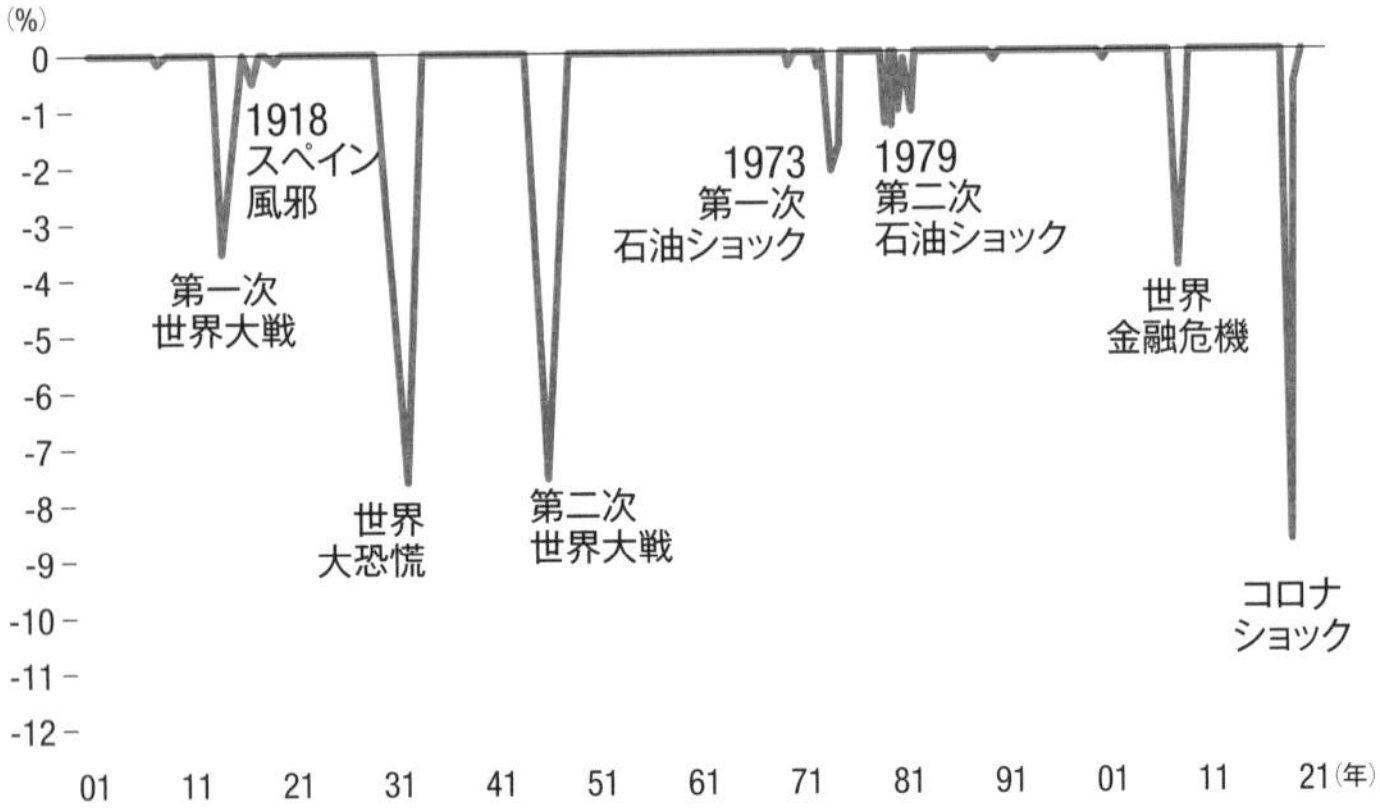

(出所)J.P.Morgan

世界経済GDPは約9%ダウン、日本は4~6月期で28%もの落ち込みでしたが、たった5カ月で回復しています。過去の経済危機と比べても、最も深く落ち込み、そしてまた最も早く回復したリセッションと言えます。

リセッション時、つまり、景気が下降していく局面では、政府は敏感に反応し、株式市場を支えようとします。それにより、素早く回復が図られます。

もう一つ認識しておきたいのが、ショック時には成長性のある銘柄の株価も下がりやすいということです。そうした時に企業の価値を見極めて投資することで、資産を大きく増やした方もいます。

油断してはいけませんが、**リセッションの局面は、いい銘柄が安値で買えるチャンス**と捉えることもできるのです。

セミリタイア後は取り崩す、という発想も持つ

セミリタイアを考えると、インカムが多く得られる高配当の銘柄に関心が向きがちですが、米国株の利回りはどの程度期待できるのでしょうか。

米国株の利回りは、堅く見て、**およそ年4～5％を見込んでおくのが良い**と思います。

ただしそれはキャピタル・ゲイン（株価上昇による利益）を加味した利回りです。

例えばS＆P500のインカム・ゲイン（配当利回り）は1％台前半です。ここにキャピタル・ゲインを加味すると、この10年の年平均リターンは10％を超えます。

配当利回りが1％台前半の場合、配当金は1000万円あたり10万～15万円程度であり、セミリタイア後を考えると、インカムだけでやりくりしていくのはかなり大変です。

そこで必要になるのが、「**取り崩す**」**という視点**です。

成長株は成長にさらなるブーストをかけるために、収益を再投資するのが基本的なスタンスです。つまり、**収益を配当金で払い出すという発想が薄い**のです。

ＥＴＦの中には高配当銘柄で構成されるものもありますが、エネルギーなどが中心で、産業革命まっただ中の伸び盛りの銘柄を外しています。そのためキャピタル・ゲインには大きな期待はできない状態です。

この30年程度の**米国株のリターンの源泉はキャピタル・ゲイン**であり、これを狙っていかないと資金効率を上げることは難しいところです。

したがって、米国株でリターンを得るには、キャピタル・ゲインが狙える銘柄と配当利回りが高い銘柄や増配が期待できる銘柄などがまんべんなく入っているＶＴＩやＳ＆Ｐ５００を選択して、**ハイテク株の保有率もある程度高めておくことが重要**です。とくに資産形成の過程では、そうした戦略が望ましいでしょう。

そうなると、分配利回りは１％台前半に落ち着くので、セミリタイア後は、自身で一部を取り崩していくことで配当以外にも利益を得ていく、という発想が必要です。セミリタイア後は投資元本を増やしていく必要性は低いので、インカム・ゲインも得ながら、投資元本を少しずつ回収していけばいいのです。

債券投資なら米国債市場全体に連動するETFを

資産全体の値動きを安定させるため、株式との分散効果が高いと考えられている債券への投資を検討する人もいるでしょう。

債券に投資するなら、候補として国内の債券、例えば個人向け国債も考えられます。リターンを必要としない、為替リスクを避けたい、という場合など、定期預金よりいいという視点で選択肢に入れるのはありです。しかし、資産を形成したいという段階においては、個人向け国債のメリットは多くありません。

債券を視野に入れるなら、分散の効いたETFが候補になるでしょう。

「BND」（バンガード・米国トータル債券市場ETF）は、米国の長期・中期・短期の国債や社債が組み合わされ、米国の債券市場全体と同じ値動きを目指すものです。まずまずのリターン、まずまずの値動きで、10年で1・42倍となっています。

安全性の高い金は資産形成に必要か

株式との分散効果を得るために「金」への投資を考える人もいます。

Ｓ＆Ｐ５００と金の価格推移を見ると、米国株と金価格は逆相関を示すことがあります。また過去10年で１・87倍のリターンで、リーマンショックの前からのリターンは株と変わらない水準です。

安全資産として注目される金は、リセッションや株式のリターンが優れない時に投資資金の行き先として選択される傾向があります。そのため、コロナが拡大した時期や米国大統領選の先行きが見えない時は過去最高値を記録しました。しかしコロナワクチンの開発や、各国政府の金融緩和姿勢が持続的かつ大規模であることを背景に、資金が引き上げられています。

ビットコインも使いようで旨みあり

近年、注目度が高い資産と言えば、仮想通貨の一つであるビットコインです。

ビットコインの価格は高騰しており、2020年あたりまでは1BTC（ビットコイン）1・5万ドルが適正というような声もありましたが、直近は10万ドルという声も聞かれます。

2020年に高値更新をしたことで、ビットコインのポテンシャルを再認識するに至りました。VISAやペイパルなどに決済手段として採用されたのも大きなポイントです。株や金、ビットコインも大きく上昇し、通貨の価値は減価するのが歴史の必然である中、**ビットコインは発行数の上限が決まっており、そこが担保される限りにおいては公定通貨とは違う面白味がある**と考えられます。

値動きが激しいため、リスクを取れる人が株式とはまた違う投機的運用として楽しむには一定の妙味があります。リスクもありますが、高いリターンを得られる可能性もあり、サテライトで投資するなら面白いと思います。

ただし、ビットコインの売買で得た利益は雑所得扱いとなり、譲渡益がかかります。とくに**高所得のサラリーマンは税率が55%になる可能性がある**など、税負担が重いことは知っておいて良いでしょう。

セミリタイアした人など、個人所得が低い場合は逆に旨みが出る可能性もあります。また、資産管理会社などの法人を設立して売買する場合は、事業所得になり、法人税率が適用されます。事業や運用で利益が出ない時に、ビットコインに含み益があれば利益確定させる、といった手法もありそうです。ただし、期ごとに値洗いする必要があります。

イーサリアムやリップルなどの仮想通貨も注目されますが、ビットコインより、さらに値動きが大きい傾向があります。

第4章

たぱぞう流ハードアセット投資の新常識

株だけでなく、ハードアセットに分散投資

１億円の資産があり、それを年利３％で運用すれば税引き前で年間３００万円、２億円あれば６００万円のリターンが得られます。年間３００万円得られるなら、独身ならば数字上ではセミリタイアは不可能ではありません。しかし株式１億円だけでセミリタイアするのは怖いと思う人は少なくないと思います。なぜなら、株式は変動が大きいためです。私も、株だけに集中投資するのは市場変動のリスクが大きいと感じます。ストレスも強いです。

基本的なロジックから言えば株式に債券を組み合わせるところですが、低金利の状況下で債券では旨みがなく、運用効率が落ちてしまいます。**そこで私が選んだのが、不動産や太陽光発電といったハードアセットへの分散です**。

運用効率を考えると、資産管理法人を作り、株で積み上げた資産を元手に不動産や太陽光発電などのハードアセットに投資するのは理にかなっていると考えられます。というのも、家賃収入や太陽光の売電収入は株式相場ほど変動しないからです。

ボラティリティが大きいのは株式の宿命です。それが株式の魅力でもあり、弱点でも

あります。そこで資産の一部を分散し、安定運用のために不動産や太陽光で運用する、ということです。

不動産投資するなら、労働集約型かお任せ型か

不動産投資は、冒険をしなければそんなに難しいことではありません。

大きく分けると、築年数が古く価格が低い物件を購入してリノベーションなどを行い、建物の価値を高めて賃貸収入を得る労働集約型と、新築物件など手間のかからない物件を購入して賃貸収入を得るお任せ型があります。私は後者の方法を選びました。

労働集約型で融資がつかない物件では全額自己資金で物件を取得するケースもありますが、不動産投資では一般的には金融機関から融資を受けます。融資を受けられるかどうかや、どのような条件で借りられるかは、年収や資産、勤務先といったその人の属性、環境、また取得する物件の収益性などによって異なります。

不動産で着実にインカムを稼ぐ

株式投資は銘柄や時期によって大きなリターンが出ることがあり、米国株は過去10年で年率10％以上のリターンを出しています。また私が推奨している米国株ＥＴＦのＶＴＩは、２０１６年から２０２０年にかけてリターンは約2倍になっています。不動産投資でそうした劇的なキャピタル・ゲインを得ることは簡単ではありませんが、物件をしっかり選べばある程度堅実な投資ができます。

上級者の中には、土地を仕入れ、建物を建て、転売するという人もいて、こうしたスキームによって大きなキャピタル・ゲインが得られる可能性もあります。しかし個人が５年以内に売却すると譲渡益に対して約40％という高い税率が課せられます。法人ではその限りではありませんが、資産運用として不動産投資を行うという目線であれば、ハードルは高いと言えるでしょう。

不動産投資の利回り計算の基礎

不動産投資の収益は、一般的に表面利回りや実質利回りで示されます。

表面利回りとは、物件価格に対してどの程度の家賃収入が得られるかを表すもので、表面的な収益性を示します。例えば**1億円の物件で年間の家賃収入が750万円なら、750万円÷1億円で、表面利回りは7・5%**です。

データを見ると、全国の一棟アパートの表面利回りは、2020年以降、8%台で推移しています（不動産投資と収益物件の情報サイト　健美家《けんびや》の収益物件　市場動向　マンスリーレポートより）。

しかし、不動産投資には諸経費がかかります。入居者募集のための賃貸管理費や、建物管理費、固定資産税などで、**物件価格の8〜10%程度が目安**と考えられます。さらに年数が経ってくれば修繕費も必要になります。

さらに考えておくべきなのが、空室率です。いくら立地が良くても空室のリスクはゼロではありません。

一棟アパートの表面利回りの推移〈全国:登録物件〉

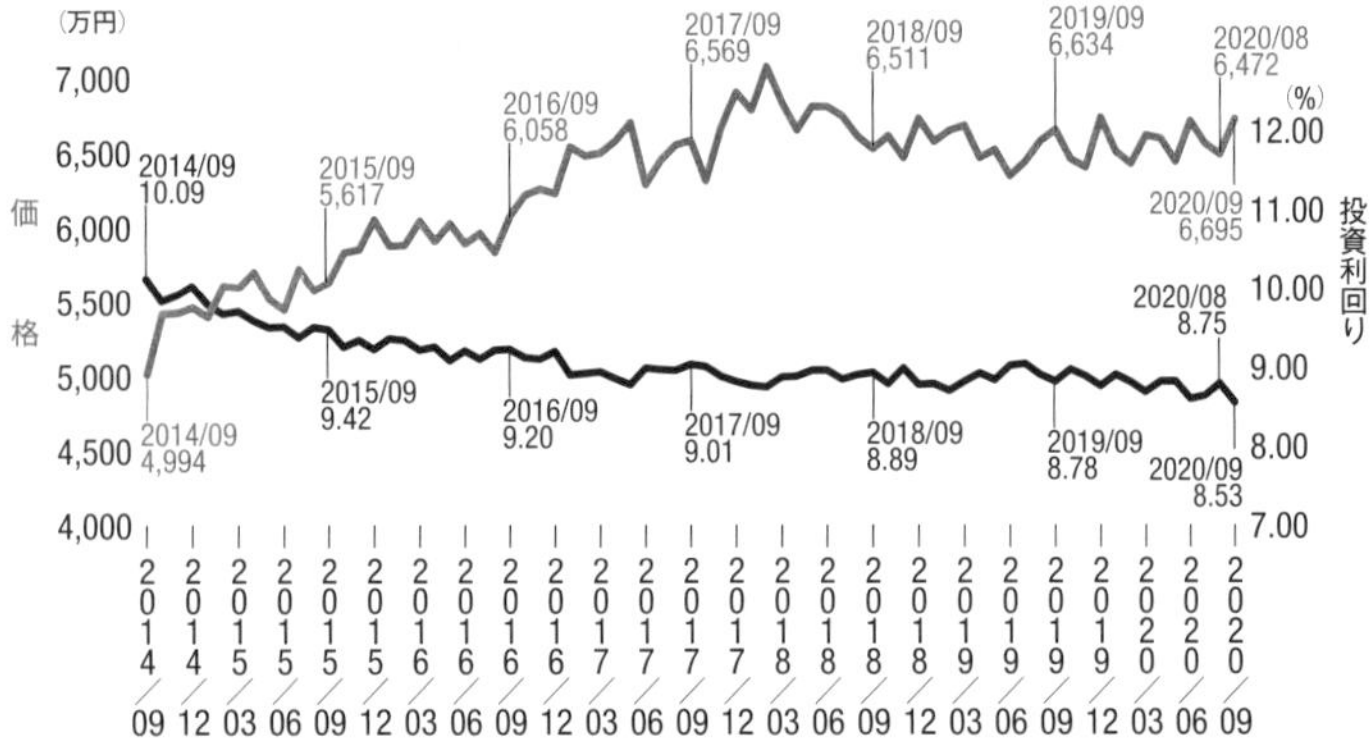

地域別		2019年9月	2019年10月	2019年11月	2019年12月	2020年1月	2020年2月	2020年3月	2020年4月	2020年5月	2020年6月	2020年7月	2020年8月	2020年9月
全国	利回り(%)	8.78	8.95	8.86	8.74	8.87	8.78	8.65	8.79	8.79	8.57	8.61	8.75	8.53
	価格(万円)	6,634	6,440	6,388	6,719	6,484	6,410	6,595	6,574	6,430	6,689	6,542	6,472	6,695
	築年(年)	21	21.7	22.2	21	21.7	21.7	21.3	21.5	21.7	21.5	21.6	21.7	21.5
北海道	利回り(%)	11.39	11.98	11.7	11.09	11.5	11.18	11.34	11.31	12.02	11.24	11.94	11.66	10.89
	価格(万円)	4,049	3,781	3,766	4,204	3,825	4,069	4,181	3,921	4,085	4,114	3,710	3,990	4,246
	築年(年)	25.2	26.3	26.1	26.7	25.9	26.3	26.4	25.6	24.9	25.7	27.1	26.6	26.8
東北	利回り(%)	11.72	12.01	10.74	11.03	10.92	11.25	10.8	11.47	10.87	10.39	10.36	11.31	10.28
	価格(万円)	4,869	4,648	4,923	5,511	4,857	4,683	5,769	4,641	4,664	6,087	5,245	4,237	5,727
	築年(年)	23.9	23.8	21.8	22.7	22.9	23.2	22.6	23.9	22.5	20.1	21.9	21.3	19.2
首都圏	利回り(%)	8.28	8.37	8.45	8.42	8.58	8.51	8.29	8.45	8.52	8.31	8.37	8.47	8.31
	価格(万円)	7,170	7,025	6,837	7,043	6,840	6,734	6,922	6,971	6,721	6,917	6,803	6,754	6,903
	築年(年)	20	20.5	21.6	20.6	21.4	21.4	20.6	21.1	21.3	21.3	21.2	21.4	21.2
信州・北陸	利回り(%)	12.03	13.87	12.23	13.9	13.79	11.51	13.35	15.6	15.05	15.43	12.59	16.04	16.92
	価格(万円)	4,131	4,046	3,533	3,130	3,920	4,011	3,147	3,765	3,002	2,768	3,750	3,264	3,663
	築年(年)	16.8	24.5	23	27.8	24.2	20.7	29	23.9	25.7	26.6	23.1	26.2	33.3
東海	利回り(%)	9.71	9.57	9.4	9.53	8.71	8.87	8.48	8.67	8.58	8.41	8.89	8.57	8.68
	価格(万円)	5,857	6,227	6,145	6,108	6,648	6,280	6,701	5,982	6,331	6,878	6,054	6,524	6,493
	築年(年)	18.8	17.1	16.9	18.2	14.1	15.7	15.6	15.1	15.3	14.6	15.1	16.1	16.6
関西	利回り(%)	10.25	10.31	10.22	9.26	9.32	9.4	10.55	10	9.99	10.17	9.63	9.41	9.49
	価格(万円)	4,816	4,543	4,450	5,971	5,417	5,144	4,954	4,945	4,981	5,458	5,486	5,295	5,998
	築年(年)	26.9	28.7	28.4	24.1	25.3	26	29.3	27.1	27.9	28.7	28.1	26.2	27.2
中国・四国	利回り(%)	10.86	12.24	10.82	10.92	11.52	12.14	10.92	12.26	12.15	10.35	10.43	13.32	11.11
	価格(万円)	5,867	4,285	4,541	5,123	5,087	3,769	4,645	4,833	4,645	5,062	4,808	4,116	4,378
	築年(年)	24.5	26	28.9	24.2	25.7	30.5	22.9	26.2	27.2	19.9	25.1	28	21.8
九州・沖縄	利回り(%)	9.18	10.84	9.46	9.65	9.33	9.7	9.59	9.3	8.87	9.14	9.41	9.17	9.07
	価格(万円)	5,010	3,978	5,124	5,262	4,812	5,263	4,869	4,791	5,558	5,029	4,812	5,492	5,227
	築年(年)	20.3	24	22.5	21.1	21.7	21.8	21.3	21.4	19.6	20.9	21.5	20	20.5

(出所)健美家2020年9月期マンスリーレポート

想定空室率は立地などによって異なり、東京都心部であれば10％程度が目安になるかと思います。

これらの経費や空室率も考慮したのが、実質利回りです。

実質利回りの計算式は【（年間家賃収入－年間経費－想定空室率・額）÷物件価格×100】です。先ほどの例で、年間の経費が15％（113万円）、想定空室率が10％（75万円）とすると、実質利回りは5・7％となります。

想定空室率は、10％、20％などさまざまな数値で試算してみるといいでしょう。

キャッシュフロー2～3％が最低限の目安

気になるのは、キャッシュフローです。

キャッシュフローとは実際に得られた収入から、外部への支出を引いて手元に残る資金のことです。

例えば、物件価格1億円、自己資金2000万円、借入8000万円（金利2％・30年）のケースで、年間の家賃収入が750万円、ローン返済額が年間355万円、固定資産

表面利回り、実質利回り、想定空室率を入れた実質利回りの計算式

●表面利回りの計算式

年間の家賃収入 ÷ 物件価格 × 100

1億円の物件で年間の家賃収入が750万円なら、
750万円÷1億円×100で、

表面利回りは7.5%

●実質利回りの計算式

年間の家賃収入 − 経費 ÷ 想定空室率（額）÷ 物件価格 × 100

年間の経費が113万円、想定空室率10%（75万円）の場合、

（750万円 − 113万円 − 75万円）÷ 1億円 × 100 = 5.6%

東京都心部であれば想定空室率は10%程度が目安
築年数が経った場合などは家賃を引き下げる可能性がある

税や客付けのための賃貸管理費、メンテナンス等にかかる建物管理費などの諸経費が年間家賃の15％、想定空室率が10％の場合、キャッシュフローは約208万円です。

この208万円を物件価格の1億円で割った実質利回りは2・1％になります。

東京都内の不動産は高いので、キャッシュフローベースで2～3％出れば十分な投資といったところでしょう。私は、イメージとして、**債券に近いようなリターン**だと考えています。

目安としては、東京都内だと家賃の下落率が年0・5～1％程度、大きくても2％を見込んで投資していくということになります。

CCRは投下額に対するリターン

不動産や太陽光発電といったハードアセットへの投資について考えるうえでは、表面利回りや実質利回りのほかにも知っておきたい指標があります。その一つが「**CCR**（**キャッシュ・オン・キャッシュリターン**）」です。投下した資金に対するリターンのことを指します。

株式や債券といったペーパーアセットの世界では、ＣＣＲはあまり意識されることはありませんが、融資を利用してレバレッジをかけたハードアセットへの投資では意識したい概念です。

その理由は、ＣＣＲを重視することで、投資効率がグンと高くなるからです。投資のステージを上げるためには重要な観点です。

太陽光発電を例に説明しましょう。

例えば２０００万円の設備を、５００万円の自己資金で購入したとします。売り上げは年間２００万円で、ローン返済や諸経費を引き、手残りが50万円だとしましょう。その場合、５００万円の自己資金に対して50万円の手残りで、ＣＣＲは10％となります。同じケースで自己資金２００万円、手残り40万円では、ＣＣＲは20％です。

ペーパーアセットで10～20％の利回りを出す商品はそうありません。融資を利用して不動産投資をすると、レバレッジ効果により、少ない自己資金で多くのリターンを得ることが可能となります。株式や債券だけでなく、**融資を利用してハードアセットに分散投資することで、投資効率がアップする**わけです。

ローン返済が終わり、売り上げは年間２００万円のまま、諸経費が30万円とすると、手残りは１７０万円となり、ＣＣＲは34％に跳ね上がります。利回り34％の商品はなかなかありませんから、ハードアセットへの投資が、投資効率を上げる非常に大きな武器だということがわかります。

太陽光発電を例に説明しましたが、不動産も基本は同じです。

ただし、実際には、築年数が経てば家賃を見直さざるを得ません。売り上げは毎年減っていくのが普通であり、どんな事業であっても借入にはそれなりのリスクが伴うことは念頭に置いてください。

ハードアセットにおける減価償却

減価償却についても知っておきましょう。

減価償却とは、建物の耐用年数などに応じて、建物を取得した費用の一部を経費として利益から差し引くことができるものです。

不動産は「定額法」、太陽光発電は「定額法」か「定率法」のいずれかで減価償却ができます。定額法とは、一定期間、毎年同じ額を償却するものです。定率法は取得価格に一定の償却率を乗じて償却額を計算するもので、翌年以降は減価償却したあとの価格に償却率を乗じて計算します。よって、年を追うごとに償却額が減っていきます。

例えば年間の減価償却額を100万円とすると、その100万円は事業経費として利益から差し引くことができます。そのため、利益が圧縮され、税金面でのメリットが出てきます。償却額はある程度額の大きさがあるので、安定して利益を圧縮できます。これも、株式や債券にはない特長です。

資産の種類や建物の構造などによって税制上の耐用年数が決まっており、**耐用年数が短いと、1年あたりの減価償却費は大きくなることがあります**。例えば築年数が古く、耐用年数を経過している物件については、4年で減価償却できることになっています。土地4000万円、建物4000万円の物件なら、建物の1年間の減価償却費は1000万円となり、利益から大きな経費を差し引くことができます。ただし、売却時に利益になるので、単なる節税というよりは利益を繰り延べ、ある程度コントロールしていくようなものになります。

状況に応じて効果的な分散を図る

不動産投資に対するリターンは、融資によってどの程度のレバレッジをかけるか、また金利、賃料の水準などによって異なります。言い換えれば、状況や物件によって変わるということです。

2010年代は米国株のリターンが年利10%を超えており、投資先としてベストであったことは間違いありません。しかし、それも未来永劫続くわけではなく、状況は変化していきます。

効果的な分散の仕方も時代によって変わっていきます。株式投資で得た資産の分散先として債券を使うのか、不動産を使うのかも考えどころです。基本を踏まえたうえで、時代や状況に応じて運用の中身を考え、変えていくのが望ましいと言えるでしょう。

不動産投資と株式投資の特徴をおさらいする

ここで、不動産投資と株式投資との違いをおさらいしておきましょう。
前述のとおり、不動産投資は株式投資で得られるほどのリターンは期待しにくい一方で、株式投資よりも安定性があるのが魅力です。株式と不動産を比較してみます。

株式での資産運用のメリットは、

1　とりかかりやすい
2　資産が長期にわたって成長し、資産性がある（米国株の場合）
3　右肩上がりの安心感
4　手間が「全く」かからない
5　資産管理法人の場合、日本株ならば配当金の益金不算入適用
6　利益確定のタイミングをコントロールできる

株式は証券会社に口座を開けばすぐに始められます。米国株ならインデックス投資で十分なリターンが期待でき、銘柄を研究するような手間もいりません。個別銘柄に投資するにしても、手間は不動産の比ではありません。経済成長とともに資産の価値が高まることが期待でき、資産が古くならないのも魅力です。

配当金の益金不算入とは、法人が国内の法人から配当等を受けた場合、その受取配当等の額の全部または一部は、課税所得の計算上益金に算入しないこととされているものです。これは、資産管理法人などの法人で株式投資をする場合のメリットです。

一方で、株式投資には次のようなデメリットがあります。

1 インデックス投資だと資産形成のスピードが遅い
2 レバレッジを効かせにくい
3 日々変動する資産額が可視化される
4 語弊があるが、利回りが低い
5 セミリタイアのためには、1億円、2億円程度のまとまった資産が必要になる

私は40代でセミリタイアしましたが、インデックス投資だけを行っていたら、もう少し時間がかかったと思います。個別株への投資などでリターンを高めたことで、資産形成のスピードが上がりました。

また株式投資だけではなく、**太陽光発電や不動産への投資でレバレッジを効かせたことも、早期のセミリタイアに繋がっています。**

株式だけでなく、不動産投資などに分散したことは、私にとっては精神的な安定も生んでいます。株式は値動きが大きいですし、ネットで証券会社のサイトにアクセスすれば、随時、資産額が可視化され、株価が気になってしまいます。資産額が大きくなるほど変動は大きいので、リスク分散が課題になります。


成長性がある株に投資すれば資産は成長するため、キャピタル・ゲインも含めれば魅力のある投資です。しかし、インカム、つまり配当利回りだけを見れば、S&P500で1~2%と、決して高いとは言えません。セミリタイア後、あるいは老後にある程度のインカムを得たいと思えば、まとまった資産が必要です。1億円を3%で運用して税引き前で300万円、2%で200万円、1%で100万円などとなります。

株以外のアセットと組み合わせて、取り崩しも視野に入れつつインカムを確保してもいいでしょう。

不動産投資のメリットとデメリットとは

不動産投資のメリットとデメリットを見ていきましょう。
不動産投資には次のようなメリットがあります。

1 都内の良い立地の新築だと手間がかからない

2 4年償却の築古、戸建てなど、状況によって選択肢が豊富

3 良い土地は価格が下落しにくい。家賃がそのまま投資されていく感覚

4 銀行からの融資を受ける場合は、おおよそ頭金2割で投資が可能。つまりレバレッジが効く。

5 キャピタル・ゲインやインカム・ゲインがいいと、持って良し、売って良しになる

不動産には、建物の減価償却をすることで利益が圧縮され、税負担が軽減されるという効果があります。築年数が古く、耐用年数を経過している物件では、償却期間が4年と短いため1年あたりの償却額が大きくなります。ほかの資産運用で利益が多く出ている場合は、築古の物件で償却額を多くするなど、状況によって選択肢が豊富です。

また、自己資金を少なく、融資を多く利用してレバレッジ効果を高める、低金利で借りるなど、物件や投資の仕方によって、ＣＣＲベースで20％以上のリターンを狙える可能性もあります。


デメリットも見ていきましょう。

1　物件の維持管理、客付けなどの手間がかかる
2　目論見が外れた時のダメージが甚大
3　マイナスのレバレッジ効果が生じることがある
4　自己資金が必要。具体的には２０００万円以上
5　ペーパーアセットと異なり事業性が高いので、人によって合う、合わないがある

不動産投資で資産形成、資産運用ができるかどうかは、物件の良し悪しによるところが大きいと言えます。いい物件に出合うための手間、人脈も重要でしょう。

融資を受ける場合でも自己資金が必要ですし、キャッシュで買う場合もまとまった資金を投じることになります。空室が続いたり、なおかつ売却もままならないといったケースでは、大きなダメージを負うことになりかねません。

そうしたデメリットを考えれば、やはりエリアが重要です。地方を中心に人口減少が始まっている中、例えば**東京都では２０４０年前後まで現在の人口が保たれる**と考えられています。不動産投資をするエリアとしてハードルが低いのは、人口が減らない、賃貸需要があるエリアです。あえて、厳しいエリアで高い利回りを追求する、という手もありますが、難易度は高いです。

現在は数年前と比べて銀行からの融資が厳しくなっています。借り手の属性が良い場合は年収の10倍程度まで融資してくれる銀行がありますが、多くはありません。

サラリーマン大家はひと頃より融資が受けにくい

規模にもよりますが、普通のサラリーマンにとっては一般的に大きな不動産を現金で一括購入するのは難しいと言えます。そのため、不動産投資の可否は、銀行から融資が受けられるかどうかによるところが大きくなります。

不動産会社が銀行と親密だと融資が下りやすいのですが、数年前に不正融資事件が頻発し、融資は厳しい状況となっています。
とくに新規参入のサラリーマン大家さんには厳しく、年収が高い、自己資金が多いなどの属性があっても借入が困難になることがあります。銀行にもよりますが、資産2億円でようやく交渉のテーブルにつける、というケースもあります。

年収1000万円超なら融資が受けやすい

年収が1000万円を超える人など、属性がいい人に対して、融資をつけている銀行もあります。地主などの資産家も融資が受けやすく、資産が数億円を超える人が、一般の住宅ローンより低利で、長期の融資を受けられる例もあります。

一部の銀行では、収益性の低いリテールサービスから、富裕層をターゲットとしたウェルスマネジメント・ビジネス（資産管理ビジネス）に舵を切っているケースがあります。銀行によっては、物件を紹介したり相続などのサポートをしているケースもあります。

相続について検討する人も多いので、コンサルティングも含めて、相続税対策として物件を仲介する例もあります。銀行にとっては資産が見えているので融資しやすく、相談者にとっても相続税が軽減されるなどのメリットが得られることがあります。ただしこれは相続税対策であり、ある意味、資産を意図的に減らす投資になるので、資産額に応じた投資案件になります。

現金で築古の物件を買い、転売する手法もある

融資が厳しいため、最近では数億円というレベルの物件よりも、1億円を切るような、比較的手頃な物件に人気が集まっています。

かつては不人気だった、築古の戸建てや数千万円の築古アパートが人気なのも、このような状況を反映しています。

一部では、築古の戸建てや区分マンションを取得して自身がＤＩＹでリノベーションをして、その後、転売するというスキームも流行っています。融資を受けてレバレッジをかけることが難しくなっているため、現金で買い、ＤＩＹなどで価値を高め、キャピタルを取るという手法です。

投資のリスクの感じ方は人それぞれ

不動産投資に対するイメージは、世代によっても差がありそうです。バブル以前からの不動産価格を知っている人の中には、不動産に対してネガティブな印象があるかもしれません。今、東京都内の新築マンション価格はエリアによってはバブル期を上回る価格になっています。しかし、地方の物件のバブル期前からの価格推移を知っている人には、融資を受けて不動産に投資するなど、とんでもないという発想になるかもしれません。

世代によって捉え方は異なり、今後も状況が変化することはあると思います。今はどうなのか、そして将来はどうなのか、ということをしっかり見極め、判断していくことが重要です。

実際、不動産投資のリスクをどう見るかは難しいところです。

なぜなら、人それぞれリスクの感じ方には違いがあるからです。

不動産投資においては、借り入れについてものすごく居心地の悪さを感じる人もいますし、実際に空室リスクも伴います。その不確実性をどう捉えるかです。**安全志向の人と、リスクを大きめに取っても人生が変わるわけではないと考える人とで、隔たりは大きいものです**。

不動産投資にはリスクが伴いますが、利回りや土地価格、周辺での需要など、さまざまな角度からシミュレーションしたうえで取り組めば、それほど怖いものではありません。

ワンルームマンションは儲からない

では、今盛んなワンルームマンション投資はどうでしょう。

新築物件では価格に不動産会社の利益が乗りすぎており、**買った瞬間に相場の2~3割負けている物件**が少なくありません。

売却しようにも、ローンの残りを完済するだけの売却代金が得られず、最悪のケースでは、ローンの残りが手持ち資金さえも上回り、売るに売れないという状態になることもあります。これは新築ワンルームマンション投資では珍しくないことです。そうなると資産形成のスピードが落ち、セミリタイアへは大きく回り道をすることになります。

また、築古のワンルームを現金で買って拡大し、上手に資産形成されている投資家もいます。現金購入のため、返済に苦慮するなどのリスクはありません。その反面、レバレッジが効かないこともあり、**資産形成には時間がかかることが多い**です。

賃貸併用住宅にも魅力がある

賃貸併用住宅も一つの手法です。不動産投資を考える人の中には賃貸併用住宅に投資する例も少なくありません。うまくいけば賃貸部分から得られる家賃でローンの多くを返済できるという構図になるのが魅力です。

ただし、注意したいのは出口戦略です。賃貸併用は、持ち家のように実需でのニーズには合いにくく、**売却先が投資家に限られる可能性が高い**のです。よって、立地が重要なのは言うまでもありません。

立地が良く、建ぺい率や容積率に余裕がある場合には、賃貸併用住宅を建てることも考えられるでしょう。

売電で収入を得る太陽光発電も検討を

ハードアセットへの投資として、私が不動産より早く始めたのが、太陽光発電への投資です。

私が太陽光発電への投資を始めた頃と比べて物件はかなり少なくなっていますが、全く出払ったわけではありません。

今は、かつてのように新規に土地を仕入れて設備を設置する形ではなく、セットされた建売を買う形が主流です。また何年か前に設置され、すでに発電実績のある中古のシステムも販売されています。太陽光発電の業者さんは、新築、中古とも扱っていることが多いので、同時並行で探すことができます。

太陽光発電の利回りは以前と比べて下がっており、新築の場合、業者さんの目線では**表面利回り9・5％前後が目安**と考えられています。自身が保有する土地に設備だけ入れるといった投資ができれば、利回りは15％前後になることも考えられます。不動産は都市部であれば土地の価格が下がりにくく、資産性がありますが、太陽光発電は設備が主体であり、設備が古くなれば価値が減少していきます。

ハードアセットへの投資として、不動産がいいのか、太陽光発電がいいのかを検討する際には、**キャッシュフローだけでなく、資産性や減価償却を含めて考えるといい**でしょう。

中古は残余年数で価格が変わる

太陽光発電の価格は、物件によりますが、**低圧・新築の建売で１５００万〜２５００万円が目安**です。

中古はそこから残余年数を考慮した価格が目安となります。太陽光発電では、設備の発電期間が20年とされています。

中古の表面利回りは９〜10％程度が目安です。中古には、過去の発電の履歴を知ることができる、というメリットがあります。以前、中古では融資が利用しにくかったのですが、現在は融資も利用しやすくなり、買いやすくなったと言えます。

中古物件の利回りについては、すでに数年稼働していても、価格が２０００万円、単年の売り上げが２００万円、利回り10％と謳っている例があります。しかしそれでは残余年数が考慮されておらず、新築の利回り10％と同等の価値ではありません。残余年数を考慮した利回りかどうか、しっかり確認する必要があります。

太陽光発電の設備の減価償却期間は17年ですが、1980年代に設置された設備が今なお発電している例もあります。販売会社によっては、20年を超えても発電させ、売電することを想定しているケースもあるようです。世界的に再生可能エネルギーの供給増が求められており、**太陽光発電の需要が減少することは考えにくい状況**です。ただし、多くの場合、FIT（固定価格買取制度）期間である20年を超えても確実に売電できるという保証はないことは念頭に置きたいところです。シミュレーションなどでは20年以降の買取価格を示している例もありますが、ひとまず**20年で採算が合うかどうかを考えるのが王道**です。

資産形成ならCCR、セミリタイアならCFも重視

CCRは、自己資金をいくら出すかによって異なります。

手元の資金が少ないならば、リターンの最大化を目指して、CCRを重視するのもい

いでしょう。自己資金の割合が低く、借入額を多くすれば、レバレッジ効果が大きくなり、収益性が高まります。

例えば、自己資金50万円で2000万円クラスの物件が買えるといった例があります。仮に年間のキャッシュフローが50万円得られれば、CCRは100%という計算です。

一方、セミリタイアするなど、長期間、安定した収入を得たい場合は、自己資金を多くするといいでしょう。自己資金の割合が高いとレバレッジ効果が小さくなるため、CCRは下がります。しかし、借り入れが少ない分、返済額が抑えられ、キャッシュフローは多くなります。

私が太陽光発電への投資を始めた頃には、セミリタイアが現実になりつつありました。そのため、**キャッシュフローを重視し、自己資金は25%程度と多めにしました**。リターンより、安定性重視の戦略です。CCRが低くなっても、キャッシュフローを多めに確保する、経営を安定化する、という目線です。

CCRと、キャッシュフローのどちらを求めるフェーズなのかによって、選択が分かれてくるというわけです。

インフラファンドで太陽光発電に投資する手も

自分で太陽光発電の設備を持つのに抵抗があるという人は、インフラファンドで投資するという選択もあります。

インフラファンドとは、太陽光発電所などに投資し、得られた売電収入などが投資家に分配される商品です。2016年以降、東京証券取引所に計7本が上場しており、証券会社を通じて株式やETFと同様に売買できます。

とくに人気が高いのは、「**カナディアン・ソーラー・インフラ投資法人**（**銘柄コード**／**9284**）」と、「**タカラレーベン・インフラ投資法人**（**銘柄コード**／**9281**）」です。東証の上場基準をクリアしており、金融商品として一定の評価は得ています。年利回りは5～6％台（2021年3月現在）で、安定した収益が出ています。

数万円から投資できますから、まずはここから始めてみるという人もいます。

太陽光発電の業者が組成している非上場の商品もあります。こちらは株式市場に上場していないので、内容の見極めが重要と言えそうです。

第5章

たぱぞう流 資産額別 運用プラン

この章では、セミリタイアを目指してどのように資産を築いていけばいいか、またどんな準備が必要かを資産額別に見ていきましょう。

金融資産　100万〜500万円

大事なのは額ではなく、時間

投資は余裕資金で行うのがセオリーですが、積立投資という方法をとれば、まとまった資産がなくても投資は始められます。**投資は早く始めるに越したことはありません。**ここでは資産額100万円〜としていますが、資産がゼロであっても、働いていれば10代、学生でも、投資を始めることができます。

投資できる額が少ないとしても、問題ではありません。早く投資すれば知識と経験が集積されるからです。投資の習慣を持つことで、お金を浪費してしまうことが少なくなる効果もあります。

私の場合は、30歳になる頃に資産が1000万円に届きました。その経験を通じて言えるのは、1000万円に乗るとスピードが上がる、ということです。それは、その頃には、「お金を貯める技術」と、「お金を増やす技術」が身に付いているからです。

お金を貯める技術を身に付ける

お金を貯める技術とは、すなわち、支出を絞る技術です。

食費を削る、光熱水費の節約を心掛ける、というのは、お金を貯めるという意識を育てるのに役立ちます。一方で実際に効果があるのは大口に注目して削ることであり、それこそが貯める技術です。

具体的には、**携帯電話、クルマ、自宅、保険、飲み代（とくに外での飲み代）、服やバッグといった服飾などを見直す**と、効果が出やすいと言えます。コレクター、旅行好き、美食好き、ブランド好きなど、趣味嗜好はあると思いますが、普通のサラリーマンが全てを手に入れるのは困難です。とはいえ、すべてを我慢するのもしんどい話です。どこにプライオリティを置くかを考えます。

資産形成期に贅沢をしてしまうと、資産形成の足かせになります。若い時こそ遊びたいという発想もありますが、バランスは考えたいところです。

所得がずば抜けて多いわけではないのにある程度のスピードで資産形成できた人というのは、クルマや服などの所有欲を抑えられたということでしょう。若い頃に培った節制の生活習慣は、30代では自然な行動となり、資産を増やすことに繋がります。

増やす技術というのは、お金にお金を稼いでもらう技術です。

ある程度の資産になると、その資産が運用益を生んでいきます。またお金に関する知識と経験もそれなりに蓄積されてきています。その知識と経験が、さらにお金を増やす源泉になっていくわけです。

安定した収入を得るなど、自身の属性を磨く

学生さんを含め、とくに若い世代の方にお伝えしたいのは、投資をすることに加えて**自身の属性を磨くことも大事**ということです。残念ながら、誰もが恵まれた就職ができるわけではありません。しかし、就職、あるいは再就職に有利な資格を取るなどして、収入を安定させる、収入アップを目指す、という目標を持つことは大切だと思います。

自身の属性を磨くことも視野に入れておきたいところです。

収入が多ければ投資できる額も相対的に多くなり、運用で得られる利益も大きくなります。仮に3億円を年3％で運用すれば900万円、5億円なら1500万円、7億円あれば2100万円です。運用額や運用利回りによっては生活支出を上回る額のリターンが得られる可能性もあります。

その場合は運用できる額がどんどん増えていき、資産形成に有利であることは疑いようがありません。というのも、**資産運用には複利効果があり、投資額が大きければ大きいほど指数関数的に資産額が伸びていく**からです。ある程度の収入があった方が資産形成はしやすいのです。

もちろん、夫婦で協力して世帯収入を増やすという方法もあります。

第1章でも述べましたが、資産形成に成功する家庭と成功しない家庭の差は、パートナーの勤労意欲が高いかどうかにもよります。所得税の税率は、所得が高いほど高くなる累進制です。そのため、1人で年収800万円を稼ぐより、夫婦2人で年収800万円の方が手残りも多くなります。

まずは積立投資で１０００万円を目指す

資産形成を成功させるには、具体的な目標を持つのも効果的です。目標があれば意欲が高まり、浪費しないで済む、というメリットもあります。

ここからは、１０００万円作ることを目標に、プランを考えていきましょう。資産が１０００万円になると、利回り３％で税引き前30万円の副収入を得ることができます。ボーナス１回分くらいの額を、運用で得られるかもしれません。

資産が１００万円程度、あるいは投資できる資金がほとんどないという人でも始められるのが、積立投資です。**毎月の収入の一部を継続的に投資していく**もので、資産形成の王道と言えます。

ネット証券などでは投資信託の積立購入ができ、指定した投資信託が、毎月一定の額で、自動的に買い付けられます。毎月、決まった額で、買えるだけの口数が買い付けられるので、価格が安い時には多くの口数、高い時には少ない口数を取得することになります。価格が高騰している時にまとまった額を一括投資するのに比べて、高値つかみの失敗が避けやすいと考えられています。

米国株の積立投資なら年利4・8%を想定

10年で1000万円を貯める場合のプランを考えてみましょう。

運用利回りを考慮しない場合、10年で1000万円を貯めるには、毎月8万3334円の積み立てが必要です。

元本だけで1000万円を貯めるのはなかなか大変ですが、利回りを考慮すると、ハードルが下がっていきます。運用利回り1%では7万9271円、2%では7万5347円、3%では7万1561円となります。

貯蓄ではなく積立投資であれば資産形成しやすくなり、利回りが高ければ効率がいいことがわかります。

実際、どの程度の利回りで運用できるでしょうか。

将来的な利回りを確定することはできませんが、ここでは、年利4・8％程度を想定して考えてみます。JPモルガンやバンガード、バンク・オブ・アメリカなど、大手金融機関が予想する今後の成長率は4～5％のレンジで収まることが多く、4・8％はその範囲に位置する水準です。

年次によってばらつきはありますが、2010年代の米国株は年率10％で成長してきました。しかし先進国が軒並み低成長になっており、米国も例外ではありません。4～5％という予想は妥当性が高く、4・8％は想定利回りとして現実的なラインとなりそうです。

月7万円×40年で資産は1億円を超える

年利4・8％の場合、月6万5000円を積み立てると、10年で1000万円（税引き前・以下同）に到達します。

ちなみに、もう少し額を増やして年利4・8％で月6万9000円を10年積み立てると、資産額は約1060万円ですが、40年続けると1億円突破です。複利効果の強みで、指数関数的に額が増えていくのです。

つまり、**若いうちにいかに運用額を増やすかが勝負**とも言えます。

学生さんや、就職して間もない方が、毎月コンスタントに7万円近い額を投資するのはきついかもしれません。その場合は無理せず、1万円、2万円と、できる範囲でスタートします。キャリアを重ねていけば7万円を上回る額を積み立てられる可能性もあります。7万円を40年、というのを、一つの目安として意識しておくといいでしょう。

ちなみに、年利4・8％、月5万円×40年では約7270万円、月3万円では約4360万円です。これでも、一般的に必要とされる老後資金は十分用意できる水準です。これが運用利回り0％で40年では、5万円で2400万円、3万円で1440万円ですから、投資によって運用利回りを高めることの重要性がおわかりいただけると思います。

年利4・8％で月7万円×20年では約2820万円、30年では約5630万円です。

すでに保有している資産を含めれば、ある程度の額になります。

資産1000万円までは米国株100%が効率的

では何を積み立てるか。増やすことが目的ですから、**100%米国株でいい**でしょう。4・8%というのも、米国株への投資を前提にしています。例えば500万円まで資産が積み上がり、そこで株式相場が大暴落して半分になったとしても、減少額は250万円です。250万円であれば、ショックは大きいですが、若い人は給与でリカバリーすることも可能です。運用額が少ないということは、リスクを取りやすいということでもあるのです。

何が正しく、何が間違っているということではありません。それぞれの考えがあり、目標があります。ただし、セミリタイアしたいと言いつつ、安全性ばかりを優先させるというのはどうでしょうか。よほどの収入と資産がないと達成が難しくなります。

つまり、資産運用の目標に沿った現実的な選択をしていくということが重要なのです。

4.8%で目標額を達成するための
積立額・積立期間別（10年、20年、30年、40年）※月複利・非課税

積立月額	10年	20年	30年	40年
10,000円	1,542,389円	4,032,610円	8,053,150円	14,544,421円
20,000円	3,084,853円	8,065,437円	16,106,725円	29,089,604円
30,000円	4,627,323円	12,098,268円	24,160,319円	43,634,826円
40,000円	6,169,780円	16,131,062円	32,213,828円	58,179,905円
50,000円	7,712,250円	20,163,887円	40,267,404円	72,725,095円
60,000円	9,254,712円	24,196,699円	48,320,958円	87,270,248円
70,000円	10,797,176円	28,229,515円	56,374,520円	101,815,406円

（出所）『Ke!san 生活や実務に役立つ計算サイト』より算出

年40万円まで非課税の つみたてＮＩＳＡを使う

積立投資を行う場合は、はじめの一歩として「つみたてＮＩＳＡ」を活用するのが王道です。

つみたてＮＩＳＡとは、年間40万円を上限に、最長20年間、非課税で投資できる制度です（１０９ページ、１９０ページ参照）。

つみたてＮＩＳＡで投資できる額の上限は月額にすると約３万３３３３円程度なので、この枠をフルに活用し、枠を上回る分を普通に積立投資すればいいでしょう。

つみたてNISAとは?

●つみたてNISAは、投資信託やETFの積立投資について、年間40万円を上限に、最長20年間、運用益非課税で投資できる国の制度。
●通常約20%かかる運用益への税金が非課税であることが最大のメリット。
●対象となる投資信託やETFは金融庁が選定。長期投資に向いた商品であること、コストが一定基準以下に抑えられていることなどが要件で、優れた商品が揃う。
●S&P500などに連動する投資信託など、米国株のインデックス投信も入っている。

［つみたてNISAの特徴］

年間積立額	最大40万円
投資金額	最低毎月100円から可（金融機関によって異なる）
非課税期間	20年間（ロールオーバー不可）
対象商品	金融庁が指定した投資信託・ETF ※信託期間が長期のもの、信託手数料が低く、販売手数料がゼロの低コストの商品
購入方法	積立のみ
途中の引出し	いつでも可

［つみたてNISAで購入できる米国株ファンドとETFの例］

- eMAXIS Slim 米国株式（S&P500）
- SBI・バンガード・S&P500インデックス・ファンド
- 楽天・全米株式インデックス・ファンド
- 米国株式インデックス・ファンド
- 上場インデックスファンド米国株式（S&P500）
- iFree S&P500インデックス

iDeCoでも米国株への積立投資が可能

「iDeCo（イデコ・個人型確定拠出年金）」という制度もあります。

厚生年金や国民年金に上乗せできる年金作りの制度で、一定の額を自身が選んだ投資信託などで運用し、原則60歳以降に、一時金または年金として受け取る仕組みです。積立額は所得から控除されるため所得税や住民税が軽減されるほか、運用益も非課税です。

受取時には、**一時金で受け取ると「退職所得控除」、年金で受け取ると「公的年金等控除」の対象となり、一定の税優遇があります**。しかし、会社員の方で退職金が多い場合は、退職所得控除の枠を使い切ってしまい、iDeCoの受け取りでは一定の税金がかかることがあります。

また、受け取れるのは原則60歳以降ですから、あくまで老後資金として検討する必要があります。

iDeCoで選択できる商品は、管理運用機関によって異なりますが、楽天証券では「**楽天・全米株式インデックス・ファンド**」、SBI証券では「**eMAXIS Slim**

iDeCoとは?

- iDeCo（個人型確定拠出年金）は、公的年金の上乗せ分として、任意で老後資金作りができる制度。
- 60歳まで資金を拠出でき、原則60歳以降に受け取る。
- 60歳以降に受け取る際、課税対象になる。年金として受け取る場合は「公的年金等特別控除」、一時金で受け取る場合は「退職所得控除」を利用することも可能だが、場合によっては税金がかかることもある。

［iDecoの三大メリット］

1	**拠出金が全額所得控除**	拠出金が全額「所得控除」の対象となり、所得税・住民税を軽減できる
2	**利息・運用益が非課税**	運用益に通常かかる約20%の税金が非課税
3	**受け取り時も一定額まで非課税**	老齢給付金を一時金として受け取る場合は「退職所得控除」、年金として受け取る場合は「公的年金等控除」が適用され、一定金額までは非課税。

［iDeCoの拠出限度額］

自営業者（国民年金の第1号被保険者）		**月額6.8万円（年額81.6万円）** ※国民年金基金、または国民年金付加保険料との合算枠内
サラリーマン・公務員（国民年金の第2号被保険者）	・企業年金がない会社員	**月額2.3万円（年額27.6万円）**
	・企業型DCに加入している会社員	**月額2.0万円（年額24万円）**
	・DBと企業型DCに加入している会社員 ・DBのみに加入している会社員 ・公務員等	**月額1.2万円（年額14.4万円）**
専業主婦（夫）（国民年金の第3号被保険者）		**月額2.3万円（年額27.6万円）**

※DC=確定拠出年金　DB=確定給付企業年金、厚生年金基金

［iDeCoの手数料］（税込・2021年5月時点）

●加入するとき／初期手数料

国民年金基金連合会	**2829円**

●掛け金を拠出しているとき／毎月

国民年金基金連合会	**105円**
事務委託先金融機関	**66円**
運営管理期間	**金融機関により異なる**
合計	**最低171円**

●新たな掛け金を拠出せずに運用指図のみしているとき／毎月

事務委託先金融機関	**66円**
運営管理期間	**金融機関により異なる**
合計	**最低66円**

●給付金を受けとるとき／給付手数料／1回あたり

事務委託先金融機関	**440円**

米国株式（S&P500）」などが対象となっています。

金融資産 500万～3000万円

複利の効果を感じられるように

資産が増えてくると、お金がお金を稼ぐようになって配当金や利子もそれなりの額になってきます。それを合算して所得という捉え方をすると感覚がずれてくる恐れがありますが、あくまで自分の給与所得から生活設計をしていくことが大切です。お小遣いを得たような感覚、収入が増えたような感覚で消費してしまうと、資産形成の速度が遅くなります。

この段階では気を緩めずに、モチベーションを維持しましょう。

子どもの教育資金はどう手当てするか

20代後半や30代になると、住宅購入や教育費が気になってきます。

例えば、毎月７万円を積立投資していたけれど、これからは教育費の準備も必要といった場合、そのままのペースで投資を続けていいのか、一部は預金などにした方がいいか、迷うこともあるでしょう。

教育費の負担は大きく、文部科学省「平成30年度子供の学習費調査」によると、中学、高校の６年間の学習費総額は、公立では約２８０万円、私立では約７１０万円にのぼります。大学については、同省の調査で、国公立の学校納付金が約２４０万円、私立文系で約４００万円、私立理系で約５４０万円などとなっています。

学費や住居費については、安全性を確保しながら準備していくのが王道です。投資には値動きがつきものですから、例えば値動きが激しいものに投資していると、必要な時に価格が下がっていると資金が準備できなくなる可能性があるからです。

学資保険は資産運用には適しませんが、保険料となると支払わなければという心理が働いて自然と続けられる、**強制貯蓄の効果**があります。

教育費は、安全で確実に用意できる方法を優先させるべきでしょう。

その家、資産価値はありますか?

40代になると住宅手当がなくなる企業も多いようですが、住宅手当がある、あるいは社宅住まいで家賃が安いといった場合は、その分を投資に回し、早く資産形成したいところです。

住宅を取得する場合に頭の片隅に置いておきたいのが、その住宅が資産になるのか、という視点です。

土地の価値は、良いエリアだと下落せず、逆に上昇する可能性もあります。対して上物は、築年数を経るごとに価値が下がるのが普通です。

土地の価値が下落していくエリアに家を持つと、資産価値を保つのは困難です。やはり立地が重要なのです。注文住宅などで上物への投資額を大きくする場合は、それなりの覚悟と見切りが必要になります。

以前、東京都内で7000万～8000万円だったタワーマンションには、値上がりして1億円を超えているものもあります。**築年数が経っても価格が上がるのは立地が良いからこそ**です。

自宅を持つことも、実は不動産投資です。金利を負担して取得するのに値するか、しっかり考えたいことです。


家の買い方、教育費のかけ方、夫婦の働き方などについて戦略を立てる習慣をつけることは、資産形成のスピードを速めるのと同時に、セミリタイアするうえで重要なスキルになると思います。

資産500万円に達したら、サテライト投資を意識

具体的な投資プランを考えてみましょう。

積立投資で資産を増やしていく、という基本的な考え方は変わりません。そのうえで、

積極的な運用をしたいという場合には、コアになる安定運用資産に加えてサテライト投資を検討するのも手です。

サテライト投資とは、**資産の一部をナスダックなどの指数**、あるいは個別銘柄など、特定の分野、銘柄に集中投資することです。

コアになる資産は、S&P500といった、米国株式市場全体に連動する投資信託やETFです。そうしたコア資産に8割程度を投資しつつ、2割程度をサテライトとして、アップルやITセクターに連動するVGT（バンガード情報技術ETF）やナスダック100指数に連動するQQQ（インベスコ QQQ信託シリーズ1）などに振り向けてもいいでしょう。集中度を高めた投資をすることで、より大きなリターンの獲得を目指すのが目的です。

投資に使う時間の余裕や興味があれば、**個別株への投資も選択肢**になります。

ただし、特定のセクターや個別株に投資して集中度を高めれば、その分、ボラティリティも大きくなります。値動きの大きさに耐えられるかも考慮し、少額で試す、あるいはコア資産への投資のみにするかを検討します。

今後の積立投資分でサテライトを2割に

例えば資産が500万円あり、コア投資に8割、サテライト投資に2割振り分けるとするなら、それぞれ400万円、100万円というバランスになります。

しかし、そのために、すでに保有しているコア資産を売却してサテライトの商品に再投資する必要はありません。**今あるコア資産はそのままキープ**して、このあと積み立てる資金の一部でサテライトの資産を買っていくのです。

なぜなら、資産を売却すると、利益に対する税金が引かれてしまうからです。資金が必要になった際に売却して税金が引かれるのは仕方ないことです。しかし、総資産が500万~3000万円であれば、売却して税負担をしてまでリバランスする必要はありません。新規に投資する分で、全体がコア資産8割、サテライト資産2割に近づくようにすれば十分です。毎月、積立投資する額の中から、サテライト資産の積み立てを多めにする、といったことで調整が可能です。

新規で投資する資金がない場合や、逆に資産が1億円規模といった場合には、資産の売却なしでリバランスを図るのは難しくなりますが、**基本的にはノーセル（売却なし）、新規の投資資金で調整**、というのが望ましいです。

うねりを取るためのサテライト投資

うねりを取るような投資を検討するのもいいでしょう。

直近で言えば新型コロナウイルスのパンデミック発生時に株価が乱高下した局面など、**相場の流れに乗ってリターンがあげられるタイミング**があります。そうしたタイミングを狙って、市場のうねりを取っていくわけです。

資産形成のベースはあくまで積立投資であり、それを継続させていくことは重要です。一方でボーナスを使う、積立額を少し減らすなどして資金をつくり、一部でうねりを取るような投資に挑戦して、腕を磨いてみるのも手です。

またそういった投資スタンスが向く人、向かない人がいます。向かなければ、堅実に積み立て投資をすればいいですし、慎重さが功を奏することもありますから、何ら問題はありません。積立投資の実績が積み上がってきたところで、少額で短期投資を試し、自身にはどんな投資が向くかを見極めておく。そうすることで、資産が大きくなった時に手痛い失敗を回避することができます。

サテライト投資やうねりを取るにはETFが便利

サテライト資産への投資や、うねりを取るための投資には、ＥＴＦが便利です。投資信託は運用会社が毎日、市場が閉じたあと、保有する資産を時価評価して基準価額を計算し、その日に受けた売買の注文を成立させます。対して**ＥＴＦは株式市場に上場しており、株式市場が開いている時間帯に、相対取引で相場が作られます**。ＥＴＦは、チャートや板を読みながら売買の検討ができますし、指値注文も可能です。

積立投資をする際には投資信託で十分ですが、うねりを取るなら、ＥＴＦが適していると言えるでしょう。ＥＴＦにはさまざまなセクターに連動するタイプがあり、選択肢が広いのも魅力です。

また資産形成の段階では、受け取った配当金を再投資して運用を続けることも考えたいところです。

年収600万円以上なら不動産投資も視野に

金融機関、また属性によっては、不動産投資というフェーズも見えてきます。都市部では年収が600万円以上あると、公務員の方など、属性が高く評価されれば融資が受けられる可能性が出てくるからです。

少し前なら資産が500万円以上あれば不動産投資を拡大できるケースがありましたが、昨今は融資条件が厳しくなっており、現在は資金の借り入れは難しくなっています。融資が受けられるかどうかは、金融機関や市況動向などによっても異なります。目安としては、**年収600万円以上で交渉のテーブルにつける**地域が多いです。もちろん、地域によって年収500万円でも可能な地域もあります。

投資の情報収集は本やネットに限らない

年収が600万円に届いていない、資産も1000万円未満といった段階でも、不動産投資に関心があるなら、少しずつ勉強を始めるといいでしょう。不動産関連の本を読むのもいい方法です。また仲間がいると情報を得やすいですし、意見交換もできて、効率的です。

ネットから情報が得られることにも良さがあるし、対面には対面ならではの情報の深さという良さがあります。

もともと株式投資家だった私が、不動産や太陽光発電、民泊など、横断的な知識を得られたのは投資仲間のおかげです。おそらく、これからも新しい投資の是非を判断しつつ、さらに知識を広げていくのでしょう。

また資産額がある程度大きくなると、資産管理法人を作って、法人という形で投資や資産管理をするという選択肢も出てきます。私の経験から言うと、法人経営者にとって、横の繋がりを作ってくれるコミュニティはとても重要です。

日本には、事業主を支援するさまざまな制度があります。経営者との繋がりがあると、そうした情報が得やすいのです。実際、私も経営者仲間から情報を得て、該当する助成を受け、リモート業務に必要なオフィス環境を整えました。自分だけでは情報が得にくい、活用のアイデアが浮かばない、ということもあるのです。

人によっては商工会などに加入したり、投資家同士の横の繋がりを大事にしたりしていますので、そうしたことを意識して少しずつ行動を起こしておくのもいいです。自分から情報発信することで、繋がりが生まれることもあります。

金融資産 3000万〜5000万円

準富裕層まであとひと息のアッパーマス層

204ページの図は野村総合研究所による純金融資産保有額の階層別にみた保有資産規模と世帯数です。最も多いのは金融資産が3000万円未満の「マス層」で、4216万世帯。3000万円以上5000万円未満の「アッパーマス層」は712万世帯で、5000万円以上1億円未満の「準富裕層」が342万世帯となります。1億円以上5億円未満が「富裕層」、5億円以上が「超富裕層」です。

資産が3000万円を超えた人は、金融資産の保有額として1段階ステップアップしたところであり、準富裕層までもうひと息です。

純金融資産保有額の階層別にみた保有資産規模と世帯数

マーケットの分類（世帯の純金融資産保有額）	2019年
超富裕層（5億円以上）	97兆円（8.7万世帯）
富裕層（1億円以上5億円未満）	236兆円（124.0万世帯）
準富裕層（5,000万円以上1億円未満）	255兆円（341.8万世帯）
アッパーマス層（3,000万円以上5,000万円未満）	310兆円（712.1万世帯）
マス層（3,000万円未満）	656兆円（4,215.7万世帯）

（出所）国税庁「国税庁統計年報告書」、「総務省「全国消費実態調査」、厚生労働省「人口動態調査」、国立社会保障・人口問題研究所「日本の世帯数の将来推計」、東証「TOPIX」および「NRI生活者1万人アンケート調査（金融編）」、「NRI富裕層アンケート調査」などからNRI推計。

３０００万円を超えたら資産分散を

金融資産５００万円を超えた段階での運用プランでは、コア投資・サテライト投資の分散を提案しました。３０００万円を超えたら、**「リスクヘッジとしての資産分散」**を考えても良いでしょう。株式とは異なるアセットへの分散で候補となるのは、債券、あるいは不動産です。

第３章でも述べたように、金利が低い現状では債券の利回りは低くなっています。とはいえ、債券には安定性があります。リターンよりも資産全体の値動きを安定させることに

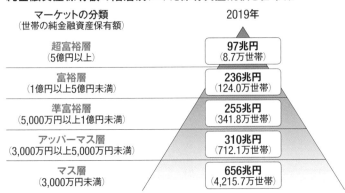

重点を置きたい場合には、今も債券は分散のための投資対象になりえます。

一方で、資産形成のスピードを落とさずに分散をするのであれば、不動産などのアセットを検討してもよいでしょう。

不動産投資も始めやすい資産規模

金融資産が3000万円あれば、無理なく不動産投資ができると言えそうです。

年収が600万円程度あれば不動産投資は不可能ではありません。加えて、資産が3000万円くらいあれば、急にまとまった出費が必要になった場合などでも一定の安心感があります。ある程度、余裕を持って不動産投資ができるというわけです。

融資を利用して不動産投資をする場合は、融資が受けられるかどうかが一つのハードルになります。また、人によってはローンを抱えるのは居心地が良くないと感じる場合もあります。

それでも、しっかりと調べる、研究する、シミュレーションをすることで失敗を避けることが可能です。とくに最初は先輩投資家に確認して進めるといいです。

法人であれば、高齢でも不動産投資は可能

一般的には、若いうちならリスクを取れても高齢になるとリスクを取りにくいものです。融資に年齢制限を設けている金融機関がほとんどなので、ある程度の年齢になると融資が受けにくい、金額が制限される、返済期間が短くなる、といったことも考えられます。

しかし、**個人ではなく、資産管理法人を通じて投資するという方法を取ることで、高齢になっても融資が受けられる可能性があります**。実際、私の知る範囲でも、80歳の方が自身の資産管理法人で銀行から融資を受け、アパート一棟を持っていた例があります。個人では不可能ですが、法人であれば会社の資産状況などが審査対象となるため、融資が受けられる可能性もあるのです。

心穏やかに生きる守りの資産運用もある

がむしゃらに資産を増やそうとする運用もあれば、守りの資産運用もあります。

厚生労働省の調べでは、２０１９年の男性の平均寿命は81・41歳、女性は87・45歳です。そして、**介助や支援なしで生きられる健康寿命は男性72・14歳、女性74・79歳**となっています（２０１６年厚生労働省のデータ）。つまり、晩年はなんらかの健康問題に悩まされる期間が10年前後ある、ということになります。

公的年金は原則65歳から支給されますが、平均して月５・５万円が不足するというデータがあります。月５・５万円×30年で計算されるのが、少し前に話題になった、老後資金２０００万円不足問題です。

65歳まで働くなら、その後の不足分として２０００万円程度準備する、という考え方もあります。その発想であれば、すでに必要な額は準備できたことになります。

もう少し早くリタイアするなら年金が給付される65歳までの資金を準備して、65歳以降は年金ベースでやっていく。こうした発想なら、セミリタイアはもっと実現しやすくなります。

そうした視点も含めて、不動産投資をするかどうかを考えてみるといいでしょう。

ペーパーアセットで不動産投資する方法

自分で不動産を買うのは怖いという人は、不動産投資信託、いわゆるＲＥＩＴ（リート）でインカムを取る方法もあります。

まず、ＲＥＩＴは法人税の面で優遇措置を受けており、配当控除が使えません。配当控除とは、給与などの収入と配当収入の合計から、株の配当や投資信託の分配金の一部が控除され、所得が減額される分、所得税が軽減されるものです。

配当金は税引き後の企業利益から計算されます。このうえさらに所得税がかかると二重課税になるため、個人に対して配当控除が設けられているのです。

１０００万円までの配当金ではその12・８％、１０００万円超ではその６・４％が控除されます。

しかし、ＲＥＩＴはその対象ではないのです。なお、個人が控除を受けるには、確定申告が必要です。

ただし、給与と配当金の合算額が大きい人は、所得税率が高くなるため、配当控除の申告をせず、源泉徴収で納税したままにした方が有利になることがあります。

値動きが激しいこと、配当控除が受けられないことがＲＥＩＴについて押さえておきたい点です。また、融資を使わないためレバレッジ効果も得られません。基本的には、期待できるリターンが大きい株式で運用し、ＲＥＩＴはサテライトで検討するというスタンスでいいでしょう。

金融資産　5000万～1億円

セミリタイアできるか、具体的にチェックする

資産が５０００万円を超えたら、年齢や状況によっては十分、セミリタイアが可能な水準となってきます。第1章を参考に、現段階でセミリタイアが可能かどうか、チェックしてみることをお勧めします。

とくに**独身の方で５０００万円あれば、セミリタイアできる可能性が高い**のではないでしょうか。年利３％で計算しても、年間のインカムは税引き前で１５０万円、分離課税で20％を引いても年１２０万円、月額10万円です。家賃が低いエリアの賃貸物件に住めば、働いて一定の収入を得ることで、セミリタイアは可能です。

高成長のETFから高配当のETFにシフトすべきか

セミリタイアを視野に入れる場合、インカムを多く得たいという意識が働く人が多いです。米国株のＥＴＦの中には、高配当の銘柄に特化したものもあります。しかし、Ｓ＆Ｐ５００連動型の投資信託やＥＴＦから、高配当銘柄の商品にシフトするかは、よく検討すべきです。

Ｓ＆Ｐ５００を含む米国株に幅広く投資するＶＴＩ（バンガード・トータル・ストック・マーケットＥＴＦ）は直近の数年で価格が倍以上になっています。こうした成長性の高いＥＴＦは保有を続けたいところです。また高配当のＥＴＦにシフトするためにＶＴＩを売れば、約20％が税金で引かれ、非効率です。

若い時から10年、20年、30年と米国株への投資を続けていけば、資産額はかなり値上がりすると考えられます。

また20～30代でVTIに投資していれば、分配金が成長してVTI自体が高配当化していく可能性もあります。実際、S&P500に連動するETFであるSPY（SPDR S&P500 ETF）では、1998年に四半期で0・3ドル程度だった配当金が、直近では1ドルを超えています。**長期投資では、成長も得て、配当も増える**という期待も持てるのです。

一方で、運用期間が長く取れない場合には、高配当銘柄で構成されるETFを利用する選択肢もあります。

セミリタイアの実現には、取り崩すという視点も

資金が必要であれば、必要に応じて資産の一部を取り崩して生活費などに充てる方法もあります。

セミリタイア後や老後など、定期的に一定の金額を取り崩したい場合には、一部のネット証券が行っている定時売却を使う手もあります。毎月指定した日に自動的に資産の一部が売却され、売却代金を受け取ることができるサービスです。

安全資産の考え方は人それぞれで異なり、S&P500連動型ETFを安全資産だと思う人もいます。数十年投資していれば十分な含み益が生じて、少々の下落では元本が割れないくらいまで成長している可能性があるからです。

20年、30年と米国株の積立投資を続けていけば、その後、投資元本を割り込むような値下がりをすることは考えにくくなります。金の卵を産む鶏と同じで、多く持っていれば、その後、**長期にわたって金の卵をたくさん産み続けてくれる**のです。

セミリタイアを実現しやすくするには、次の2点を押さえておくといいです。

1　資産の運用でインカムを得るだけでなく、取り崩す手法を入れること

2　月5万円でも10万円でも、無理なく働いて収入を得ること

2について考えてみましょう。

月5万円、年間で60万円を働いて稼ぐとします。これを年利3％の資産運用で得ようとすると、2000万円の元手が必要になります。つまり、**月5万円稼げば、準備すべき資産は2000万円少なくていい**、ということです。無理のない範囲で働けば、セミリタイアは非常に楽になります。

その意味では、無理なく働く方法を本格的に検討することも、セミリタイアを実現するための大事なステップになります。65歳、70歳くらいまで働く予定の方も、「少し働く」という選択肢を持つといいでしょう。

生き方に合った資産運用を

私が最近強く思うのは、生き方の選択肢が広がっている、ということです。

地方都市はもちろん、首都圏でも、大手メーカーの生産拠点が撤退するなどして、家賃相場が完全に崩れているエリアもあります。ワンルームなら、1万円台、2万円台で借りられる例もあります。

そうしたエリアでミニマムに生活しようと思えば、資産が多くなくてもセミリタイアは可能です。完全にリタイアできる人もいます。

これまで述べてきたような、年収を上げる努力をして資産形成のスピードを上げるといったプランとは真逆の発想ですが、さまざまな選択肢があり、自身が選び取ることで幸せに生きていける時代なのです。

いくらあればセミリタイアできるかという視点だけでなく、**いくら使うか、という視点もセミリタイアの可否を決める基準**になります。独身の方はもちろん、既婚者でも、互いの価値観が合えばミニマムに暮らすことは可能なのです。

若い方にはさまざまな価値観について見聞を広げることをお勧めしたいですし、人生の経験を重ねられた方には、ご自身の生き方を見つめ直すことがあるのだろうと思います。どういう生き方をしたいのか。資産運用の適切な設計図は、ライフプランの延長線上にあると思います。

金融資産　1億円超

セミリタイアを前に資産管理法人設立を検討

おおまかなイメージでは、50代で金融資産が1億円を超えれば、具体的にセミリタイアが視野に入ってきます。50代では年金保険料の支払い実績も積み上がって老後に受け取れる年金もある程度の額になりますし、年金の支給開始年齢も近いからです。

資産が1億円を超えたら、資産管理法人を設立することを検討してもいいでしょう。不動産投資などをするうえでは、信用力が重要です。勤続年数が積み上がっているとより良いです。

融資を受けるにも、有利なのは資産家の方です。地主さんやご実家の安定した事業を継承できるという場合には、スタートダッシュが効きます。資産や信用力を持っていると、資産形成でも飛び級できるわけです。

しかし、私のように普通の家庭に育った場合には、資産も信用力も自身で築かなければなりません。そのためのひとつの強みが勤続年数です。その強みを持ったうえで法人という器を持ち、投資実績を積み上げれば、さらに大きな強みになります。

配当や不動産収入があれば、資産管理法人が作れる

２０１０年以降、株式相場と不動産相場の環境が良かったこともあり、資産管理法人を持つ投資家が激増したように思います。資産管理法人というとハードルが高いように思われるかもしれませんが、普通の会社と何ら変わるところはありません。

会社は売り上げと所得があれば成り立ちます。売り上げは、不動産収入、売電収入、配当・分配金など、さまざまなものがあり、こうした収入があれば法人を設立できます。従業員は必須ではなく、代表がいれば問題ありません。人を雇ったり、場所を借りたりすると固定費がかかるため、資産管理法人は代表1名かせいぜい親族での経営という場合が多いと言えます。

いくらぐらいの売り上げがあれば法人を設立すべきかと聞かれることも多いですが、それはコストとメリットとのバランスによります。

赤字でも黒字でも、資本金1000万円以下の法人は、毎年均等割部分として7万円の法人住民税を納める必要があります（東京23区に事務所を有する法人の場合。資本金、本店所在地によって異なる）。そのほかに税理士さんへの報酬も必要です。つまり、資産管理法人を設立すべきか否かの判断基準は、均等割の税金と税理士費用を支払っても法人化する価値があるかどうかが大きいです。

法人決算の申告を自分で行い、均等割のみの負担で済ませる勉強家もいます。収支がシンプルであれば、それも可能です。

ちなみに、資産管理法人の多くは、**設立費用と維持費の安い「合同会社」の形態**をとっているところが多いようです。

資産管理法人には税、経費などのメリットが

資産管理法人のメリットは以下にまとめられます。

●法人と個人の税率を踏まえた所得分散ができる
●10年にわたり赤字を繰り越せる
●交際費など経費裁量が認められる
●相続を視野に入れた資産運用ができる
●各種企業補助施策を活用できる

個人の所得税率が高い場合は、法人に所得を分散させることで税負担を抑えられる可能性があります。

ただし、国税＋地方税を合算すれば、法人税も驚くほど安いわけではありません。国税部分だけで論じられることが多いですが、地方税と預り金である消費税部分を加えるとなかなかの重みで、**おおよそ35〜45％程度**になります。

赤字の繰り越しは、個人事業主が最大3年なのに対し、法人は9年までの繰り越しが可能です。赤字の繰り越しとは、事業年度をまたいで赤字を繰り越せるものです。利益が圧縮される分、税が軽減されます。

また、経費裁量も大きなポイントです。事業に関連した支出は経費にでき、交際費は事業年度あたり800万円まで認められます。

加えて、**IT導入費などの政策の恩恵を受けられるケースがある**のも法人でのメリットの一つです。コロナ禍では、持続化給付金や感染症対策費、一時支援金などが話題になりました。

さらに資産が1億円を超える水準となると、相続税についても考えておきたいところです。1億6000万円までが非課税になる配偶者控除、3000万円に加え法定相続人1人あたり600万円までの基礎控除、ほかにもさまざまな控除がありますが、一定額を超えると相続税がかかります。法人であればできる対策も増え、効果的な相続税対策ができる可能性があります。

また、サラリーマンの場合、税や社会保険料が収入から天引きされるのに対して、法人では諸経費を引いたあとの所得ベースで賦課されるという違いがあります。

資産管理法人のデメリットは維持費の負担

資産管理法人のデメリットは、初期費用がかかること、売り上げや所得が小さくても固定費がかかることです。

設立の手続きについて司法書士さんなどを通すと7万~10万円程度かかり、税理士さんと年間顧問契約を結ぶと、年間30万~70万円はかかります。さらに、均等割の法人住民税年7万円が加わります。

設立から税務まで自身で行えば経費は抑えられますが、それには労働資本と時間の投下が必要です。

セミリタイア後は法人で資産運用

作家の橘玲さんは、法人の有利性について述べられています。

「コロナ禍でも、法人は持続化補助金や融資が受けられる。個人事業主や法人を守る政策が打たれるのは今に始まった話ではなく、長く国が行ってきた中小企業保護の一環で

あり、自身で法人を持っているとメリットがある」という内容です。

本当にその通りだと思います。

一定の要件を満たす中小法人には上限200万円、個人事業主には同100万円の持続化給付金が支給されました。保証協会を通じて政府保証がついたため、法人は銀行の融資も受けやすくなりました。国は事業者を保護することを基本としているので、そういう仕組みになっているのです。

ハッピーなセミリタイア生活のためには、雇用されるのではなく、個人事業主になる、あるいは、資産管理会社を設立し、法人として資産を運用していくことも視野に入れてもいいのではないか。私はそう考えます。

おわりに

最後までお読みいただきありがとうございます。

私は米国株を元に資産を増やし、分散投資の一環として太陽光や不動産投資に取り組んでいます。米国株の良さは、比較的安定した右肩上がりの成長性にあります。しかし、これは２０００年代の評価とは全く異なります。２０００年代は中国を始めとする新興国を除いて、ほとんど全世界的に株式が停滞していたからです。

しかし、あきらめずにコツコツと米国株投資投資を続けることにより、資産の最大化を私なりに成功させることができました。やはり、大きなトレンドを押さえつつ、無理をしない、持続可能な投資が大事になります。その代表的なものは積立投資でしょう。

一方で、資産が大きくなってくると、株式のみでの運用から分散を意識するようになります。これは人にもよるのですが、早い人だと１０００万円、だいたいにして１億円ぐらいいから心境が変化するように思います。個別株で取り組んできた人がＥＴＦや投資信託による投資にチェンジするのも資産額の増大に伴う心境の変化の一つと言えるでしょう。

私の場合は、２０１７年より太陽光、その後不動産投資と投資の幅を広げてきました。資産を法人で管理するようになり、米国株投資とはまた違った良さを実感しています。本書はハードアセット投資の専門書ではないため、概論で触れるにとどめていますが、今後はセミナーなどでも深化、あるいは補完してお話ししていく予定です。

これからセミリタイアをしようと考える人は、資産管理法人を設立したうえでの退職を視野に入れられると良いかもしれません。株式投資の魅力はその爆発力にあり、リセッションでそれは実感されるところです。しかし、資産の大きすぎる変動は、退職後にはいささか好ましくない部分があります。収入や資産の増減をある程度緩和してくれるのが太陽光や不動産投資ということになります。

太陽光や不動産の事業を始めるまでは、私はほとんど無借金で資産運用をしてきました。しかし、現状の金融政策を鑑み、方針を変更しています。やはり、長期での借り入れは使いようによっては生活をより豊かに、そして資産を安定的に伸ばしてくれる可能性があるということです。しかし、借り入れというのはリスクと表裏一体ですから、より慎重さが求められるのは事実です。

また、最大の難関は物件探しでしょう。なかなか目線にあった無難な物件というのはポンポン出てきません。一気にセミリタイアに持っていけるような、掘り出し物はほとんどないと言っていいでしょう。そういう意味では、株式以上にマーケットの歪みは小さいとも言えます。株式の場合は、ひと晩で10％以上の値動きが珍しくありません。そのような銘柄がごろごろしています。

不動産の場合は、そのような物件は無くはないですが、少ないですね。特に取り組み始めたばかりの人がそのようなお宝物件に遭遇する確率はほとんどないと言っていいでしょう。

しかし、コツコツと物件を探し続けることで、安定的に経営できそうな物件に出合えるのも事実です。とにかく焦らず急がず、自分の目線を持って取り組んでいくことです。

それは、株式も変わりません。株式も、自分なりの定量的な評価と定性的な評価をし、買っていくことになりますね。この部分に関しては、ほとんどすべてのアセットがそうです。私の場合は、旧友が都市開発の専門で、条例から値付けまで知悉しており、人脈も含めてかなり助けられています。私は株式でセミリタイアをし、彼は不動産でセミリタイアをしています。

今は、その彼と共に多くの方の資産形成のお手伝いをすべく、「米国株を語る会」という勉強会を発足させ、日々会員さんと情報交換をしています。本書の中でも少し触れましたが、ご興味あればブログ（https://www.americakabu.com/）からお問い合わせいただければと思います。人数限定ではありますが、一緒に勉強し、深めていけることを楽しみにしています。本書が読者の皆様のより良い資産運用の入り口となることを願っています。

２０２１年６月　米国株ブロガー　たぱぞう

たぱぞうの ハッピーセミリタイア あかさたな

このコーナーは、「米国株を語る会」の皆さんのご協力をいただきました。

あ

ある程度の資産で叶う
セミリタイア

い

1億を超えたら実践
分散投資

う

うねりを取る投資には
ETFが便利です

え

選ばれた企業が集まる
S&P500

お

お金は目的でなく
手段です

か

買わずにいられぬ
リセッション

き

筋トレで健康寿命10年
伸ばせば資産が2倍

く

くれぐれも
ワンルーム投資にはご用心

け

健康は
富に勝る資産です

こ

こまめな掃除習慣で
心を磨く

さ

サテライト投資は
2割が目安

し

支出額の計算が
はじめの一歩

す

少しだけ働くことが
セミリタイアを楽にする

せ

セミリタイアするなら
目指そう資産5000万

そ

属性を磨いて
融資を呼び込もう

た 太陽光発電で安定収益確保する

ち 小さな額も時間かければ大きな資産

つ 月7万円を40年続けて1億円

て 手数料1％超えたらやめておこう

と 取り崩す視点も大切セミリタイア

な 仲間と語ろう投資スタイル

に NISAなどお得な制度を利用しよう

ぬ 抜かりなく未来に備えて積み立てる

ね 年収600万円超えたら検討しよう不動産投資

の 延び延びにしないで今日から投資生活

は パートナーの勤労意欲が大切です

ひ 人の悪口は運を逃します

ふ 夫婦で力合わせて資産形成

へ 米国株が叶えてくれるセミリタイア

ほ 法人は税や経費でメリットが

ま 毎月コツコツ米国株投資

み 見つけよう自分に合った運用法

む ムダ遣いしないで買おうＶＴＩ

め 面倒な管理がいらない株式投資

も 持ち家も不動産投資の一つです

や 家賃収入には
空室率も考慮しよう

ゆ 夢じゃない
誰でも可能な
セミリタイア

よ 良いものを
続けて長く保有する

ら 乱高下焦ることなく
ドルコスト

り リセッション
見方を変えるとチャンスかも

る 類を見ない投資効率
米国株

れ レバレッジが効くからおいしいハー
ドアセット投資

ろ 論より証拠の複利効果

わ ワクワクを夢見て
一歩を踏み出そう

私たちの強い味方だ
たぱぞうブログ

たぱぞう
月間100万PVを誇る、米国株を中心とする資産運用サイトを運営。
2000年より投資を始め、2010年以降、米国株投資を中心に行う。
2016年、自らの投資観をブログにて書き始める。
2017年より、某投資顧問にてアドバイザーを務める。
2019年より、すでに設立していた資産管理法人の運営に専念、
セミリタイアを果たす。
同年刊行の初著書『お金が増える 米国株超楽ちん投資術』（KADOKAWA）
がベストセラーに。

経済的《けいざいてき》自由《じゆう》をこの手《て》に！
米国株《べいこくかぶ》で始《はじ》める 100万円《まんえん》からのセミリタイア投資術《とうしじゅつ》

2021年6月23日　初版発行

著者／たぱぞう

発行者／青柳 昌行

発行／株式会社KADOKAWA
〒102-8177　東京都千代田区富士見2-13-3
電話　0570-002-301(ナビダイヤル)

印刷所／大日本印刷株式会社

ISBN 978-4-04-605157-8 C0033